現代日本政治講義

自民党政権を中心として

薮野祐三
Yabuno Yuzo

北海道大学出版会

刊行によせて

岩下　明裕

本書の著者、藪野祐三　九州大学名誉教授との出会いは、わたしが北九州大学（現北九州市立大学）の大学院修士課程に入学した一九八七年に遡る。フィリピン、韓国、台湾などアジアの民主化が続き、「ベルリンの壁」の崩壊、東欧変動、そしてソ連解体といった冷戦の終結に向けた一連の流れが熱気となって国際政治を動かしていた時代である。日本でもまた本書の言う、自民党長期支配を生み出した「一九五五年体制」の終わりの始まりとなった政権交代（一九九三年の総選挙を経た細川護熙を首班とする連立政権の誕生）が起こり、日本もいよいよ変わるのではないかと期待感が高まっていた。

今から振り返れば、その後の十年余り、いわゆるポスト冷戦といわれる時期が特別なものであったことがわかる。いまや当時の「多幸感」はとうに失われ、ロシアの復活や中国の大国化は、いわゆる欧米との間で様々な軋みを生み出し、日本もまた北東アジア地域のなかで隣国との関係をうまくつくれず、浮遊している。そしてどの国も「自国ファースト」で内向きだ。とても息苦しく重苦しい時代に入ったと考えているのはわたしだけではなかろう。

政治の研究にかかわるものも、ともすれば時代の変化に翻弄され、そのときどきで右往左往しかねない。ソ連が消滅したとき、社会主義を研究してきた少なからぬ学者たちが対象を喪失し、途方にくれていた。また中国の現在のアグレッシブな姿を当時、予見できたアジアの研究者がどれだけいただろう。

藪野政治学の魅力を一言でいえば、情勢に揺り動かされず、時代を超えて語り継がれる「古典」としての分析枠組を有していることである。その意義については、本書巻末の解説に譲りたいが、それは凡百の研究者が追随できないユニークかつオリジナルな視座である。わたしが知る限り、本書のように日本政治を構造的に多角的に分析した先行研究はまれである。近年、安倍晋三政権の長期化に伴い、自民党の強さを論じた本は山のようにある。だが、その多くは状況や制度を後追いするか、安倍本人やそのとりまきたちに焦点をあてる。なにゆえ、自民党がここまで政権を維持できるのかを包括的に説明した分析は皆無のように思う。本書は、政党、政策、有権者といった三つの切り口から、その「秘密」を構造的に説明する。外交を論じた章も含めて、読者はその語りの面白さに引き込まれ、読むのを途中でやめられなくなるに違いない。

ところで本書は時代を超えて読み継がれることを考慮したつくりになっているため、安倍政権とは何かという論点そのものについてはあまり踏み込んでいない。にもかかわらず、本書は安倍政権とは何かを考える多くの示唆を与えている。一例をあげよう。自民党は最初の下野の経験から、連立の相手を組み替えながらも、何よりも政権維持にこだわるようになった（それまで長期政権が当たり前だったから、そのようなことを考えていなかったのは当然だろう）。そして新たに導入された小選挙区比例代表並立制のもと、見つけた答えが公明党との選挙協力であった。確かに国会の論戦だけをみていると、なぜ自公がここまで連立を続けるのかしばしばわからなくなる。実際、今の自民党は公明党の支持がなくても、多くの議事を支配できる議席を有しているからだ。だが一人しか選ばれない小選挙区では、公明党の支持の有無は勝利の鍵となる（三八頁以下）。

にもかかわらず、二〇〇九年に民主党に敗北する。この二度目の下野こそ、「政権維持のためには何でもする」という新たな教訓を自民党にもたらした。あのとき、自民党は分裂するとも、消滅するとも言われていた。民主党政権がもう少し続けば、組織政党としての民主党が成長し、異なる現在があったかもしれないという著者の示唆は説得力をもつ（七一頁などから）。「政権維持ファースト」。このモットーは、自民党のみならず、第一次政権を半ばで放りだし辛酸をなめた安倍晋三自身のそれになったように思う。そう、自分自身の政権を維持するために何でもするのだ。

例えば、本書で示されるワイド・パスという考え方がある（八六頁以下、一〇四―一〇七頁）。これは高度経済成長期に日本がとることができた生活にかかわる政治の選択であった。ワイドの意味は、広くなんでもやれるという意味だ。福祉も教育も防衛も建設も。金があればなんでもできる。しかし、バブル崩壊後の長期のデフレ経済が、選択をナロウ（狭いもの）にせざるをえなかった。そうなると政策に優先順位をつけなければなるまい。民主党政権が手掛けた「事業仕分け」などこの典型であった。しかし、下向きになる経済に国民、特に既存の利益に守られない若者は不満をため込むのをみて、第二次安倍政権は「経済、経済、経済」というスローガンを掲げる。もはや、禁じ手と思われた「赤字財政拡大」を気にせず、錬金術のようにお金を生み出すことで、かつてのワイド・パス路線の再現を目指そうとした。一言でいえばアベノミクスとはこのようなものだとわたしは思う。そのおかげで経済は一応、上向きになった（都市や富裕層に限られ、地域や一般市民の恩恵は多くはないのだが）。少子化による人手不足と重なり、若者はその雇用も含めて期待を込めるようになった。

ワイド・パスをとるのだから、その政策も優先順位をしぼることなく何でもやれることになる。（お金をまく以外）政策に節操や定見がみえなくなるのも当然だろう。国民に対する一種の人気取り政策ともいえ、多くの国民はいまを生きることに忙しいから、これを支持する。安倍政権の政策はますます八方美人になっていく。確かに安倍首相は憲法改正に一貫して意欲をみせているが、国民にとって消費税増税には敏感でも、生活から遠くみえる憲法問題はさほど身近ではない。

森友、加計などスキャンダルに対する首相のスタンスをここで繰り返す必要はなかろう（相澤冬樹『安倍官邸 vs.ＮＨＫ　森友事件をスクープした私が辞めた理由《わけ》』文藝春秋　二〇一八年）。争点をそらしたり、同じことや関係のないことを長々としゃべったり、いわゆる「ごはん論法（朝ご飯食べたかときかれて、パンを食べたので食べていないというような答弁をすること）」など話題に事欠かない。また問題の責任を官僚に押し付け、その官僚は部下の責任とする。そして誰も責任をとらないまま政治を続けていく。かつて丸山眞男が戦前の日本を評した「無責任の体系」、「抑圧移譲」の法則がまさに今の政権にあてはまるように見える。これに加え、論戦を避けるために、とにかく外遊をしたがる安倍首相。その外交もまたロシア、中国、北朝鮮、韓国、米国と、実はどれもうまくいっているいると胸をはれるものはあまりないのだが、官邸はメディアとともにいつも「成功」と演出する。外交の内実を知らない国民の多くは「安倍首相はよくやっている」と思い込む。このような巧みな印象操作こそ、「政権維持ファースト」の安倍政権の長寿の秘訣だ。

なにがなんでも権力にしがみつく。この安倍政権に対して、いま自民党内部からは異論が出にくい状況が続いている。まるで戦前の日本政治をほうふつさせるが、著者は単なる歴史のアナロジーをとらない。むしろ、いまにこだわり、自民党が抱える組織的な構造の内実に切り込むことで、その理由を明らかにしている。かつて「自由で多様性を有していた」自民党がなにゆえこのように「一枚岩」ともいえる政党になったのか。政権党でなくなることがみな怖いから、自民党の誰もがいまを「成功」と自らに言い聞かせながら、この状況が続くことを願い、安倍首相についていこうとする。果たしてこのような政治の先に日本の未来があるのだろうか。著者は疑義を呈し、終章で新しい日本の政治の作り直しにむけたヒントも提示する。

以上が、本書を読みながら、いまの安倍政権についてわたしが考えてみたことである。だがこれはわたしが本書で提示された一部の記述から思いをはせたものに過ぎない。本書のもつスケールはとてつもなく大きく深い。読者は著者の分析のひとつひとつから限りない気づきと刺激を受けるに違いない。また本書は戦後日本の政治の軌跡をほぼ網羅した概説書でもあるから、日本政治をこれから勉強しようとする学生さんや一般の方にもわかりやすく書かれている。とはいえ、本書の強みは政治にかかわる研究者が読んでもとても創造性に満ちた作品であることだ。初学者から専門家まで一人でも多くの読者が本書を手に取ることを切に願っている。

（いわした・あきひろ　北海道大学教授／九州大学教授）

まえがき

この本は、日ごろあまり日本の政治に関心のない人にも、現代日本政治が抱えている、様々な課題を理解してもらえるように、書かれています。難しい政治用語はなるべく使わないように心がけました。

この本のタイトルは、「現代日本政治講義」となっています。いいかえれば、「現代」と「日本政治」の二つのキーワードが重なっています。そこで、現代とは、どれだけの時間の長さを意味するのかという時間の長さを画定する必要があります。もうひとつは日本政治を支配するのは誰かという日本政治の主たるプレイヤーを確定する必要があります。この本は、この時間の長さと日本政治のプレイヤーをクロスさせて書かれています。

まず、日本政治におけるプレイヤーとして、自民党を念頭に置いておいてください。確かに日本を統治するために、野党と協議しながら政策をすすめるケースがあります。例えば、国民から支持を得るのに慎重さが求められる、消費税増税政策などがあります。しかしながら、日本の政治においては、自民党が政権を長期にわたって継続的に担ってきたため、多くの場合、自民党の政策がそのまま日本の政策となっている場合が多いとも言えます。その意味で、本書の副題は「自民党政権を中心として」としました。本書のページの多くが自民党の分析に割かれています。

次に、時間の長さについてです。主たるプレイヤーが自民党ですから、少し長い時間幅をとる必要が出てきます。そこで自民党が結成された一九五五年以来、現在に至るまでの時代を本書では取り扱うことを頭に入れておいてください。

もっとも分析の起点を一九五五年に置くと、七〇年近くのタイム・スパンを取り上げることになります。ひとくくりで扱うのは長すぎますので、その特徴に応じてこれを第一期と第二期に区分します。第一期と第二期を区分する指標を、一九九〇年の平成不況の始まりとします。というのも、この平成不況の前にはあまり問題とされなかった課題が、これ以後、主たる政治課題として登場してくるからです。具体的に列挙すれば、少子高齢化、高齢者介護、待機児童、格差社会、地方消滅、こどもの貧困化など幾多にも上ります。これらの諸問題に対処するために、一九九〇年以降、それまでと異なる新しい政策が必要になってきたのです。

確かに第一期と第二期を区分する指標として、一九九四年に導入された小選挙区比例代表並立制という選挙制度の変更を分岐点とするのも一理ありそうです。わたしもこれを否定しませんし、本書の中でもこれを論じています。他方で、制度の変化を踏まえつつも、政策の変化を見た方が、わたしたちの生活実感に即しているとも思うのです。そのため、本書では選挙制度が変更になった一九九四年を念頭におきつつも、バブル崩壊という国民の生活状況の変化に対して、政策も転換していく一九九〇年を、時期区分の中心に置こうと思います。

ここで注意しておきたいのは、時期区分の意味についてです。第一期と第二期に時代を分けたとしても、現実の歴史の流れが断絶していたわけではありません。ときには、いや多くの場合には、平成不況以前にすでに顕著であった自民党支配政治がかたちを変えて継続していることもあるでしょう。ですから、本書においては、第二期を論じる際にもしばしば第一期に立ち戻り、以前の時期との関係や結びつきについて議論することがあります。

その意味で、ぜひ第一期と第二期の連続と断絶の双方を考えながら、本書を読み進めることをお勧めします。言い換えれば、日本政治のなかにも、自民党政治のなかにも、この連続と断絶の両面があるということです。とくに本書の問題意識は、七〇年近くの自民党政権のもとで政権交代はなぜ起きなかったのだろうか、なぜ政権交代はたった二度しか起きなかったほど自民党は堅固な組織であり続けたのか、という点にあります。本書は単なる自民党政治の通史ではありません。なぜ自民党がこれほどまでに時代の変化を乗り越え、長期政権を可能にしてきたのか、これが本書の中心課題と言えます。

では本書の構成について触れておきます。本書では自民党の長期政権が持続した理由を、次の四つの視点から、機能的かつ構造的に分析しようと思います。

第一章では、自民党がなぜ政権交代を経験しなければならなかったのかに焦点を当てます。第二章では、政党の組織論という観点から、なぜ自民党が長期の政権維持に成功したのかを分析します。

第三章は、政策という機能からこれを見ます。第四章は、政党を選択する有権者という存在から、この問いを考えます。第五章で自民党の外交政策を分析します。ただ外交は、国内での集票や政権維持と必ずしも直結する分野ではありません。それでも自民党政治とは何かを考える際の分析枠組で、自民党長期政権と外交の関係を浮き彫りにすることはできます。

すなわち、本書は政権交代、政党、政策、有権者、外交の五つの視座から、自民党の長期政権の理由と意味について切り込みます。したがって、読者は、いわゆる通史として時期ごとに自民党政治を語るオーソドックスな政治史の本とは異なる読後感をもつかもしれません。わたしはこの自民党政治の七〇年を違う枠組で章ごとに分析します。これはある意味で同じ歴史を五回たどることを意味しますので、章が進むごとに既視感をもたれるかもしれません。ただその既視感は理解を深めることに役に立つと確信します。同じ歴史や素材をみても、解釈や分析は切り口によって変わってきます。むしろ、このような作業によって自民党や日本の政治がより立体的に把握できることになるのではないでしょうか。その意味で、本書は既存の多くの先行研究とは肌合いが異なっており、本書のオリジナリティがあるとすればこの点です。

この五章以外に序章と終章をつけました。序章では、本書の特色と分析方法について触れています。終章では、自民長期政権の本質的な問題と未来への展望について語りました。序章と終章を含む全七章、どうぞ楽しみながら読んでください。

まえがき

この本を書き上げるために、多くの先生方から、貴重なアドバイスをいただきました。九州大学名誉教授の石川捷治先生、鹿児島大学教授の平井一臣先生、九州大学教授の熊野直樹先生、そして、志学館大学教授の原清一先生には、とくに原稿を読んでいただき、貴重なご意見をいただきました。また、北海道大学教授の岩下明裕先生、九州大学教授の熊野直樹先生には、「刊行によせて」と「解説」を書いていただきました。重ねてお礼をお伝えします。

編集にあたって、北海道大学出版会相談役の竹中英俊氏には、筆舌につくせないほどの助言をいただきました。とりわけ、竹中氏とは古いお付き合いをいただいており、一度、竹中氏の下で書物を出版したいと考えていましたが、それが実現できたことは、きわめて大きな喜びとするところです。最後に、出版を引き受けていただいた北海道大学出版会の今中智佳子専務理事には、心からお礼を申し上げます。

歴史的な猛暑を経験した夏、時代はまた、新しくなろうとしています。若い世代の人々に、昭和、平成の歴史を引き継いで、次の世代を築きあげていただければ幸いです。

日の光に美しく映える桜の紅葉に、晩秋を感じる早朝に

二〇一八年一一月一一日

藪野 祐三

目次

序章　本書が描こうとするもの

政治学の方法論――思想・運動・技術

まず、この本の政治学上の位置を明らかにするために、政治学の方法論からみていこうと思います。歴史小説家・司馬遼太郎は『花神』という小説を著しています。この歴史小説は、村田蔵六《ぞうろく》、後の大村益次郎《ますじろう》を主人公としています。なぜ、村田蔵六を主人公にする歴史小説を書いたのか、その理由について、司馬は次のように述べています。歴史の転換期(この場合、明治維新ですが)においては、まず「思想家」が現れ、次いで、その思想を実現しようとして「運動家」が現れる。そして時代を完成させるために、最後に「技術者」が現れてくると、述べているのです。この場合の「技術者」とは、兵器などの武器に対する技術としての知識ばかりではなく、官僚制などを形成する政治制度設計の技術もさしています。

具体的に言えば、思想家として吉田松陰が現れ、運動家として坂本竜馬が現れるのです。そして明治期日本の軍隊の基礎を造った村田蔵六、すなわち軍という組織を創り上げた技術者として村田蔵六が出てくるのです。ここに見るのは、まさに「思想家」⇒「運動家」⇒「技術者」という流れです。

それぞれの時代には、それぞれの思想家、運動家が必要であったけれども、技術者にも、吉田松陰や坂本竜馬と同じだけの評価をしなければならないという含意の下に、『花神』は描かれているのです。

この「思想家」⇓「運動家」⇓「技術者」という流れは、なかなか説得的で、わたしの心から離れなかったものです。そのことを考えながら、戦後の日本の政治学を見ると、この流れに符合する政治学の発展を見つけ出すことができるのです。敗戦日本をどのように立て直し、戦前の軍国主義から脱皮した、よりよい民主主義の国を創り上げるという意味では、まさに明治維新に匹敵する歴史の転換期がやってきたのです。

この転換期に、「思想家」として丸山眞男（一九一四～九六年）が現れ『日本政治思想史研究』（一九五二年）、『政治の世界』（一九五二年）、『現代政治の思想と行動（上・下）』（一九五六～五七年）、などの多数の著作を著すのです。とりわけ『現代政治の思想と行動』は、知識社会学で著名なカール・マンハイム（一八九三～一九四七年）の影響を大きく受けています。マンハイムの主張の一つとは、どんな思想もその存在や立場に拘束されており、この拘束を越え真理に近づこうとするのが知識人だとするもので、丸山はそれを日本にあてはめ思考を重ねました。丸山のこの日本の超国家主義を批判した作品は、戦後日本における民主化の思想を語るときのバイブルとしての評価を受けました。

次いで、この丸山の思想を実体化する「運動家」が現れます。それは「運動としての政治学」を理念とした高畠通敏《みちとし》（一九三三～二〇〇四年）や、『シビル・ミニマムの思想』を著した松下圭一（一九二九〜二〇一五年）です。運動としての政治学は、どちらかと言えば書物の世界にとじこもるのではなく、市民運動や市民活動をする姿勢に、力点を置いています。そのため、高畠通敏は鶴見俊輔らとともに、当時激しかったベトナム戦争に反対して「ベトナムに平和を！市民連合」（通称「べ平連」）を一九六五年四月に立ち上げます。高畠通敏は実践のなかで考えたことを、『政治の論理と市民』（一九七一年）や『政治の発見　市民の政治理論序説』（一九八三年）として出版しました。他方、長期にわたって市民活動にかかわった松下圭一は、市民を具体的に「自治体市民」と位置づけ、自治体論へと傾斜していきます。松下圭一の『シビル・ミニマムの思想』（一九七一年）は、自治体運動のバイブルとなりました。『市民自治の憲法理論』（一九七五年）もこれに並ぶ作品とみなされています。

「科学」としての政治学

最後に技術、この文脈では科学と言った方がより適切だと思いますが、「技術者」ならぬ「科学者」が出てくるのです。科学といっても、ここでは当然「社会科学」を意味します。これは新聞などの資料、あるいは統計的データを基礎とする方法論を前提としていますから、「技術としての政治学」、あるいは「科学としての政治学」と呼ぶことができるでしょう。その先鞭をつけたのが、大嶽《おおたけ》秀夫（一九四三年〜）の『現代日本の政治権力経済権力』（一九七九年）と言えます。従来、新聞や雑誌はジャーナリズムの資料であり、政治学の資料とは十分にみなされてこなかったのですが、大嶽は、日常的に誰もが入手できる資料をもとにして、日本の政治思想や政治運動ではなく、「日本の権力構造」を分析しました。

これに並ぶ人物が、多様な数量分析を科学的に行った猪口孝（一九四四年〜）でしょう。本来、彼の専門は国際関係論を出発点としていますが、日本政治の分析を行う研究コミュニティにも多大な影響を与えました。その代表作として『国際政治経済の構図』（一九八二年）を上げることができますが、圧巻は彼が第一巻『国家と社会』（一九八八年）を著し、若手政治学者を動員して『現代政治学叢書』（全二〇巻）を企画したことです。残念ながら諸般の事情により、テーマ変更となった巻もありますが、このシリーズこそ、「科学」としての政治学を日本に定着させるスタンダードとなりました。なかでもこの叢書は、イデオロギー批判ではなく、具体的な制度やシステム、プロセスなどの分析が中心となっており、地方自治、政策過程、投票行動など、現実政治が抱えるさまざま局面を網羅しながら、データをふんだんにもりこんで政治構造を分析した画期的な作品群となりました。

このように見てくると、一九五〇年代に、日本の民主化を求めて「思想としての政治学」が生まれ、六〇年代に、ベトナム戦争反対などを掲げて「運動としての政治学」が展開されたといえます。さらに東京オリンピックも大阪万博も経験した七〇年安保を経て、いわば成熟した「先進社会」としての日本の成立を背景に、「科学としての政治学」が語られるのです。

本書のアプローチ

ここまで政治学の方法論の変化を概観してみましたが、一言で整理すれば、思想から科学へ、あるいは政治思想論から政治構造論へと政治学の方法論は変わってきたと言えます。これに新たな技術革命が加わります。そうです、コンピューターとインターネットがそれです。ネット上で多くのデータが容易に得られる時代になりました。またこれらのデータをパソコンにストックして、これまでなら手作業となっていた分析処理を短時間かつ大量にさばけるようになったわけです。これに伴い、政治学も、より「客観性」をもったデータの集積と操作による分析手法に走る傾向が強くなりました。一種のデータ至上主義が生まれたのです。

振り返れば、それぞれの時代に、おのおの方法論に強みと弱みが並存していたと思います。「思想としての政治学」が主流の時代には、思想ばかりが語られ、極論すれば、現実の政治といささかかけ離れた政治思想に関する研究書が書店に溢れました。「科学としての政治学」が主流を占める現在にこれを当てはめれば、政治構造をデータ集積の手法によってのみ分析する方法がはやり、そもそも先進社会の要諦をなしていた民主主義（デモクラシー）という思想そのものに対する関心が薄れているといえるでしょう。これに対して、「運動としての政治学」はいささか位置が異なります。この政治学はまさに運動として意味がありますから、書物としての成果蓄積が多いわけでありません。とはいえ、松下圭一は「運動としての政治学」の担い手を、自治体市民としたことにより、自治体運動論はいまでも健在であり、これはいわゆる学界の外で長い寿命を保つことができました。

さて世代論的にいえば、わたしは一九六〇年代の「運動の政治学」に属しており、政治学徒としては「思想」と「科学」の狭間に存在しています。そして、どちらかと言えば、現在の政治学で主流となっている方法論、つまり、大嶽秀夫や猪口孝を端緒とするデータ中心主義に惹かれています。しかし同時に、わたしには、データ中心主義の政治学は、各論的な、すなわち政党研究、選挙研究、官僚制研究などに特化しすぎているように見えます。やや手垢のついた言い方ですが「木を見て、森を見ない」という傾向を感じます。

本書では、各論に陥りがちな、今の政治学の方法論に挑戦すべく、「木だけではなく森をも見る」ことを可能とする構造論分析を心掛けました。それがどこまで成功しているかは、読者のみなさんの判断にゆだねる以外にありませんが、さしあたり方法論上の本書の位置取りを確認しておいていただければ幸いです。

本書の分析すべき対象

他方、政治学は単に方法論の整理だけで済むわけではありません。何を研究するのかという分析対象も明確化されなければなりません。方法と対象をクロスさせることで初めてオリジナリティある分析が可能となります。

ここでも個人的な体験によるのですが、一九八〇年代以降、わたしは毎月のように海外の学会、研究会に参加するようになりました。その際、必ずその地の大学の書籍部に足を運ぶことを、心掛けてきました。その経験の中で発見したことがあります。

アメリカやイギリスなどの経験主義の強い先進国では、その国の書店で販売されている政治学の書物は、まず自国の研究を基礎としています。いわば、自国の政治を対象としてデータを集め分析するというのが主流を占め、思想にかかわる著作は、その後ろに控えめに置かれていました。対照的に、当時いまだ民主化の途上にあった国々、例えばシンガポール、マレーシア、インドネシア、タイなどの大学書籍部に置かれている政治学の基本書は、抽象的な概念を扱う「原論」が中心でした。もちろん、シンガポールを始め、他のアジアの諸国も、現在では一定の民主化に成功していますので、政治学の主たる対象も「原論主義」から「自国主義」に変化しているように思います。

この例に倣って、日本の政治学の発展を見ると類似性が発見できます。戦後民主主義を完成させたいという意欲が満ちていた時代には、「政治学原論」、「経済学原論」、「社会学原論」と言った「原論」が書籍部にはあふれていました。当時、具体的には一九五〇年代、六〇年ですが、日本政治を科学的、機能的、データ的に分析した日本政治論は、例外はあるにせよ、さほど高い評価を得ていませんでした。「原論」中心から「自国」中心への転換は、やはり大嶽秀夫の『現代日本の政治権力経済権力』が口火を切ったといえます。丸山眞男にしても、高畠通敏にしても、他の民主主義国との比較において、日本政治へメスを入れようとしたのですが、大嶽秀夫は、民主化を比較する中での日本の政治を分析せず、日本政治そのものを対象として、その政治学を出発させました。

さらに政治学の対象になどなりえないと思われていた対象を描いた文献が相次ぎます。ジェラルド・カーティスの『代議士の誕生　日本保守党の選挙運動』(一九七一年)、チャルマーズ・ジョンソンの『通産省と日本の奇跡』(一九八二年)がその代表です。面白いところですが、政治家研究、官僚組織研究は、外国人研究者によって、門戸が開かれたのです。

このように方法論的にはデータ主義が、対象論的には日本政治が、政治学研究の中で一定の地位を築きあげてきたのです。日本でも、この「原論主義」から「自国主義」への転換を見事に描いた研究者がいます。それは、佐々木毅です。佐々木毅は、そもそも西欧政治思想史、それもプラトン研究で有名な研究者です。往々にして、「原論主義」は「古典主義」でもあり、「西欧主義」でもあるのです。しかしその「原論主義」から「自国主義」へと転換させた佐々木毅の著作があります。それは、現代日本政治の状況を語った『いま政治に何が可能か』(一九八七年)、『自民党は再生できるのか』(一九八九年)、さらに『政治に何ができるか』(一九九一年)などです。

本書も「自国」中心という研究対象を踏襲しようとしています。ただ同時にデータ中心主義の陥りやすい細部への誘惑に惑わされず、データをみながらも全体像を描くように努めるつもりです。その意味で「思想としての政治学」の原点にも回帰しつつ、現在の政治学では捉えられなくなっている日本の政治を浮き彫りにしたいというのが、わたしが本書を執筆しようとした最大の動機でもあります。

政治構造の三要素

では本書が焦点をあてようとしている政治構造をどのように理解すべきでしょうか。この構造を形成している要素とは何でしょうか。政治学を、政治家の行動や有権者の投票行動といったアクターを軸とした分析ではなく、制度を論じるものとして完成させたのは、デヴィッド・イーストンでした。彼が提起した「政治システム論」は、それ以前の政治学のあり方を一変させました。それまでの政治構造をめぐる議論は、どちらかと言えば、国家を中心とし、国家機関や組織に焦点を当てるものが主流でした。政治のダイナミズムと仕組みを、国家とは異なる次元で位置付けた彼の議論こそ、「科学」として成立する現代政治学の端緒をなし、いわば大嶽も猪口もこれを日本の文脈で発展させたといえます。

ところで、一般的に政治構造は、以下の三つの要素からできていると言われています。それは、①有権者、②政策、③政党の三つです。この三つの要素の相互の関係を図にすれば、上のように示すことができます。

図表序-1　政党，政策，有権者の関係

【政　党】
↓　↑
【政　策】
↓　↑
【有 権 者】

理論的には、有権者は政党の提示する政策を基準に選挙に臨むと整理できます。つまり、政党の政策を比較して、政党選択を行い、その選択に従って、支持する候補者に投票するのです。これは理念型、いわゆる一般的なモデルです。もちろん、実際の投票では、候補者個人の人柄や、話し方の好感度などで選択するケースも少なくありませんが、一般的なモデルとしてはこのように整理できます。

次いで、選挙で選ばれた多数派の政党が、政府を形成し、政策を実施していきます。今日的に言えば、政党Aの候補者は、脱原発を政策として掲げ、政党

Bの候補者は、原発推進を政策として掲げます。もちろん、これも現実には候補者によって濃淡があり、政党Bに所属しながら、選挙区の事情を考慮したり、あるいは個人的な考えから、所属政党の立場をよしとしない場合もあります。

いずれにせよ、一般論として、有権者はこの二つの選択肢の中から自分が支持する政策を提示した候補者に投票するかたちとなります。議院内閣制の下では、多くの当選者を出した政党から内閣が組織されます。大統領制の場合は、もっと単純で、政党を選ぶよりも、大統領その人自身を選びます。

議院内閣制の場合、そこで選ばれた行政組織＝内閣は、行政府のトップに首相を据えます。大統領制の場合は、議会を経由しないで直接に行政府の長として大統領が配置されます。いずれにせよ、その政府を頂点とする行政組織が、個々の政策の実施に当たるわけです。そして、その成果を問うべく、次の選挙に臨むことになります。理念型としては、有権者は、政策に対する評価を行い、次の選挙の投票基準とします。このように、

有権者⇓政策⇓政党⇓政策⇓有権者

というループが描かれます。いいかえれば、この三つの要素が相互に連関をもちながら、政治は運営されていくといえます。

本書では、「第二章　政党」、「第三章　政策」、「第四章　有権者」という別だての構成をとりますが、制度としての政治を構成する三要素は、相互に連関し、依存関係にあることを念頭に置いておいて下さい。

戦後日本政治の歴史

さて本書の問題意識とアプローチについては、読者のみなさんにも一定の理解を得られたと思います。復習すれば、本書では自民党というプレイヤーの動きを政党論、政策論、そして有権者論から分析することになります。これを縦糸とすれば、本書は横糸として、戦後日本政治の歴史の流れを時期区分するかたちで素材とします。一言でいえば、戦後政治の流れ（横糸）を政治制度の要素（縦糸）で分解することを通じて、今なお自民党が主として支配を続ける日本政治の実相が理解できるのです。

では、横糸となる歴史の流れについて、ここで簡単に触れておきましょう。第一章でこの横糸を自民党を軸としてより具体的に分析しますが、その予備作業として、戦後の政治史的な流れを概観しておきましょう。

実際、戦後と一口にいっても、一九四五年の日本敗戦を起点にとれば、もう八〇年近くが経過したことになります。これはその間、東京オリンピックが二度も開催されるようなタイム・スパンとも言えます。そこで、今という時代を理解する手がかりとして、「はじめに」で時代区分をした第一期と第二期をさらに通分して、ここで短く整理しておきます。実際の歴史は複雑ですが、時代ごとの特徴が明示できるよう、ここではあえて単純化し、一〇年単位でまとめてみました。

一九五〇年代【自民党結党の時代】　一九五五年に自民党ができて、戦後政治が安定する時代です。乱立する政党の中から旧自由党と旧民主党が合併し指導的な政党ができます。戦後の新党成立、即解散という不安定な時期を脱して、自民党による安定政権が存在し始めます。

一九六〇年代【高度成長の時代】　一九六〇年に、安保反対の運動が拡大し、日本の民主主義に対する疑念が生まれます。政治も不安定です。民心を安撫すべく池田勇人《はやと》首相が「国民所得倍増計画」を発表し、経済が成長する時代です。この時代に、一九六四年、東京オリンピックが開かれ、東海道新幹線が開業し、七〇年には大阪万博が開催されます。一般に「高度成長の時代」と呼ばれています。市民生活も、豊かさを実感し始めます。政治より経済の季節が始まります。

一九七〇年代【世界同時不況の時代】　一九七一年のニクソン・ショック、すなわちドルと金の交換停止、七三年の第四次中東戦争による石油価格の上昇など、世界的な経済危機が発生し、日本の経済成長にも暗雲が漂います。この危機に対応するために、七五年にフランスで第一回先進国サミットが開かれ、日本(三木武夫首相)も招待されました。一九七〇年代は、主要国が共同して世界経済の安定化に向かいますが、日本も「先進国」としてその一翼を担います。

一九八〇年【国際化の時代】　一九八五年に、ニューヨークのプラザホテルに主要国が集まり、日本の円高政策が実施された時代です。日本の経済力と通貨の強さが見合っていないと世界から批判を受け、日本の政策が大きく変わる時期です。この円高はドル安を生み、日本人の海外旅行者が一〇〇万人を超えます。半面、企業も安い労働賃金を求めて、アジアに進出します。日本が大きく海外、とりわけ東南アジアに進出し、国際化の時代と呼ばれます。

一九九〇年【バブル崩壊の時代】　一九九〇年、それまで円高を海外シフトで乗り切り、何とか経済成長を続けてきた日本が、バブル経済の崩壊を経験します。平成不況の始まりです。この不況を脱出できないままの二〇年間が経過します。これを「失われた二〇年」と表現する人もいます。同時に、バブル崩壊によって財政難になるにつれて、社会的には、医療、年金、子育て、高齢者介護という生活問題が、大きくなっていきます。

二〇〇〇年【政治の混乱と交代の時代】　公明党との連立により、自民党が政権を安定化させようとした時代。とくに前半は小泉純一郎が政権を取り、郵政民営化など新自由主義的な政策をもとにそのトップダウン的な手法で改革を進めました。首相の個人的な人気で政治が安定しているかのようにみえましたが、その後継となった安倍晋三、福田康夫、麻生太郎らの内閣は任に堪えず、多くの閣僚が事件を起こし、その度に大臣を更迭し、自民党は総選挙で歴史的大敗を喫し、民主党に政権を譲ることになります。

二〇一〇年【第二次安倍長期政権の時代】　この時期で最大の事件は、「3・11」でしょう。原発問題が大きな争点となります。事件への対応に対して批判を浴びた民主党政権は、その後、安定した政局運営に失敗し、総選挙で大敗。こうして二〇一二年に第二次安倍政権が成立します。この政権は第一次の失敗を糧とし、経済立て直しを争点に、高い支持率を得ます。とくに菅《すが》義偉《よしひで》官房長官、今井尚哉《たかや》首相秘書官という名参謀を得て、「失われた二〇年」の主因をデフレ政策とみなし、アベノミクスという一種のインフレ政策を実施します。都市部では一定の好況感が戻る一方で、地方も含めた全国レベルではその恩恵は実感されておらず、雇用の増大も安定した職場の確保には必ずしもつながっておらず、その評価はまだ定まっていません。他方、改憲勢力が戦後初めて衆参両院で、改憲可能な三分の二の議席を獲得すると、憲法改正に大いに意欲を燃やします。衆参両院で、三分の二の議席を得たことは、改憲が成功するか否かにかかわらず、画期的なことです。

「高齢期・日本の現代政治」をリセットする

これを単純に整理すると、

政治の安定(五〇年代)⇓経済の成長(六〇年代)⇓先進国への道(七〇年代)⇓国際化の時代(八〇年代)⇓不況の時代(九〇年代以降)と同時に政権交代の経験(二〇〇九年)⇓政権復帰後の自民党による長期安定の時代

となります。人生にたとえてみれば、戦後生まれの新生児が成長し、アジアのなかの日本、世界のなかの日本と次第に成熟し、一九九〇年に「老齢化」が始まったようなものでしょうか。いわば人生サイクルを一周したのが、戦後から一九九〇年までの期間です。そして二一世紀になると、はじめにで述べた様々な問題が噴出し、いわば人生リセットの時代に入ったと言えます。戦後いかに日本が急激に成長してきたかは、次頁のＧＮＰの図表が示しています。

私は、一九九〇年代から始まる、このバブル崩壊以降の日本政治を、現代日本の政治とここでは理解したいと思います。若い読者の皆さんには、バブルの崩壊、そして平成不況以後の時代しか知らないかもしれません。とはいえ、ここで確認しておきたいのは、戦後日本も、人の一生のように、若年、壮年、老年というサイクルを経験しており、その結果として現在があるということです。

つまり、日本という国は、人の一生にたとえれば、生まれ変わって新しい人生をやり直せるかどうかという転機にさしかかっていると言えます。人生はリセットできませんが、国はそうではありません。国民の世代交代があり、国は何らかのかたちで続くのです。私がここで強調したいのは、人の一生にたとえれば、「終わり」に近い時期に政権交代が起き、自民党が政権復帰を果たしたということです。そして、その政権復帰を果たした自民党が日本という国を本当にリセットできるのかどうかが問われるべき課題となります。これは単なるリフォームではすまないということです。あまりいいたとえではないかもしれませんが、パソコンをお持ちの人は、さまざまはアプリケーションを入れた結果、その作動が重くなり、初期状態に戻さねばならないような経験をお持ちでしょう。今の日本はこれまで積み上げてきた様々なアプリケーション、つまり政党、企業、各種団体、教育組織などなどをすべて一から見直す時期に来ているのではないでしょうか？

リセットの時代を国民は意識しているようです。それが二〇〇九年の自民党から民主党への政権

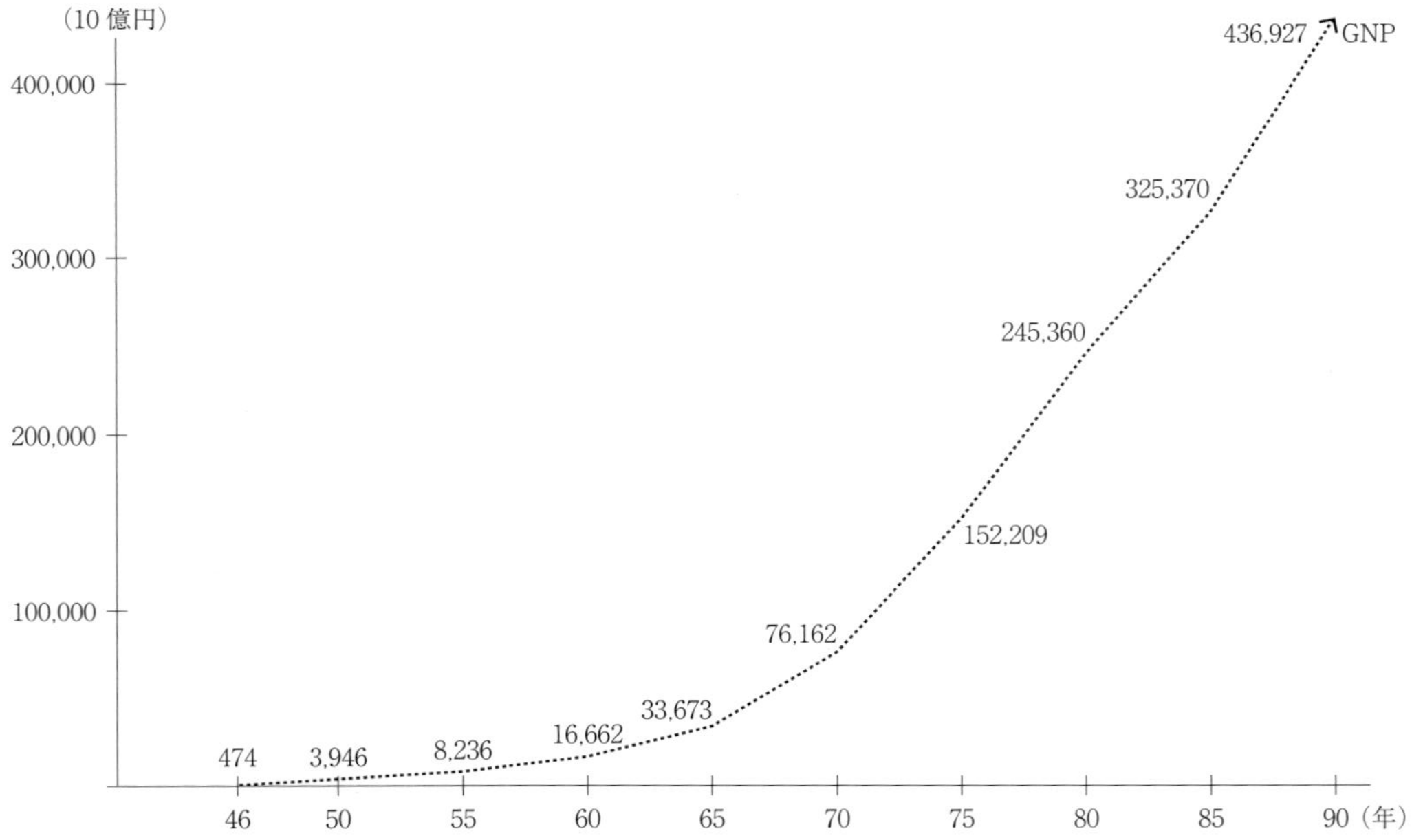

図表序-2　戦後日本の GNP

出典：統一した資料がないため各種年鑑等から合算した。

交代でした。しかし、政権を担った民主党時代はわずか三年で幕を閉じます。他方で後を継いだ自民党は再び長期政権を担う構えを見せています。では自民党の強さと長期政権の秘密を、以下の章で政党という組織を見ながら、解いてみましょう。

第一章　政権交代——政党政治の原点

政権交代と選挙制度

本章のタイトルは政権交代となっています。自民党の長年の支配の歴史を振り返るのが本章の主目的ですが、自民党の強さはまさにほとんど政権交代を経ていないということにあります。ではなぜ自民党は政権交代をあまり経験せずに今日まで生きながらえてきたのか、この謎を解くためにも、まず政権交代の意味について考える必要があります。

政権交代は、民主主義(デモクラシー)の基本をなすという意味でとても重要です。具体的には、政権交代によって、原発推進か脱原発か、開発優先か福祉優先かといった政策選択が変化しえますし、政権交代により、前の政権に不正があれば、それが明らかにされやすくなります。端的にいって、政権交代によって、前政権が保持していた情報の公開が可能となります。情報公開こそ、政権交代と同様、現代の民主主義を支える基本的な前提です。

実は自民党政権は、二〇一八年現在までに二度しか政権を奪われた経験がありません。他方、外国を見ると、議会制民主主義の母国として知られているイギリスにおいては、保守党、労働党の二大政党があり、必ずしも規則的にではないのですが、政権交代が頻繁に行われています。同じように、アメリカでも民主党、共和党の間で、これも規則的ではありませんが、大統領が交代しています。政権交代は、図表1-1のように整理できます。

もちろん、世界の多くの国々が二大政党制を敷いている訳ではありません。ドイツやフランス、北欧諸国では、連立政権となるのが一般的で、安定した政局運営をするために、どの政党と連立を組むか、つねに問題となっています。連立が政権獲得のための基本となる政治のあり方は、二大政党型に対して、多極共存型（レイプハルト『多元社会のデモクラシー』）とも呼ばれています。

図表 1-1　イギリス，アメリカの政権交代

イギリス		アメリカ	
1979～1997 年	保守党	2001～2009 年	共和党
1997～2010 年	労働党	2009～2017 年	民主党
2010～現在	保守党	2017～現在	共和党

二大政党になるか、連立政権になるかは、多くの場合、選挙制度と関連します。比較的地理的に狭い選挙区で一人のみの当選者を選ぶ小選挙区制を主たる制度とする国は、二大政党制になりやすく、逆に比例代表制の国々は、連立政権になりやすいと一般に言われます（サルトーリ『現代政党学』）。というのも、小選挙区制では、各選挙区で最終的に二つの候補者（政党）が争うかたちになりやすいため、その勝利を収めた政党の側が政権を担うからです。大統領制か議院内閣制かの違いはありますが、アメリカもイギリスも単純小選挙区制です。他方でドイツなどでは、小選挙区と比例区を併用しています。比例代表制では、二者選択ではなく、得票の少ない政党からも議会に代表を送りだすことができます。これは政党が獲

得した票数の比例配分に応じて議会の議席を占めるためであり、翻って、安定多数をとりにくくなり、連立を組まないと過半数に達しないというケースも多く生まれてきます。

では日本はどうでしょうか。日本は戦後一回だけ、大選挙区制を実施しますが、それ以後は、一九九四年の選挙制度改革まで、中選挙区制をとっていました。世界の多くの国は、一〇名程度の当選者を出す大選挙区制と、一名しか選出しない小選挙区制のどちらかをとるのですが、日本では、一選挙区から三~五名の当選者を出す中選挙区制を敷いていました。中選挙区制のころは、当選する最後の候補の一人に、日本社会党や日本共産党という自民党以外の政党が滑り込むことがままありました。その意味で、中選挙区制は、少数政党に有利な比例代表制の要素も兼ね備えていました。にもかかわらず、日本はドイツなどと異なり、この選挙区制の下でも、自民党が強く、政権交代はほぼ実現せず、多元的社会を創り出すことに失敗してきました。その理由は後ほど明らかにします。

その中選挙区制も、すでに述べたように一九九四年の選挙法改正に伴い廃止され、日本は小選挙区比例代表並立制に移行します。

自民党の歴史――単独政権と連立政権

さてここから本題に入ります。世界の事例を見る限り、政権交代は選挙制度に左右されるようですが、日本ではかなり事情が違います。中選挙区制の下でも、現在の選挙区制の下でも、なぜ自民党はほとんど政権交代を経験せず、結党以来、現在に至るまで、日本政治の強く主たるプレイヤーであり続けてきたのでしょうか。その経験した二度の政権交代も短期に終わり、この状況が基本的に変わらず、自民党の一強ともいえる体制が続いているのはどうしてでしょうか。本章ではその自民党の歩みに焦点を当ててみましょう。

さてここで自民党の歴史を二つに区分します。これは選挙制度が変わる時期と符合します。さきほど制度にかかわらず、自民党は強いと言いましたが、その強さは同じ構造によるものではなく、選挙制度の変化に適合して強さを維持したと思われるからです。要するに、中選挙区制時代の自民党と小選挙区制になってからの自民党は区別するべきだと考えます。

それは、第一期の自民党が（ほぼ）単独政権であった時代（一九五五～九三年）と、第二期の自民党が連立政権を作った時代（一九九四年～現在）として整理できます。ただ本書では平成不況をメルクマールとして日本の状況を区分していますし、現在の連立政権へとつながる新党ブームも一九九〇年ころから始まっていますので、この章でも自民党の歴史を一九五五～九〇年、一九九〇年～現在とする枠組のなかで分析します。それぞれをやや抽象化して、第一期＝自民党単独支配の時代、第二期＝自民党連立支配の時代とします。

もっとも正確にいえば、自民党単独支配の時代でも、一時期、自民党を離党した河野洋平を中心に結成された「新自由クラブ」（一九七六～八六年）との連立を組んだ時期があります。この連立はこの本書全体の分析に影響を与えるものではないので、ここでは一応、除外しておきます。

さらに自民党の歴史を容易にするために、第一期を「前期」と「後期」の二つに、第二期も同じ

図表 1-2　自民党の歴史

(1) 第 1 期　1955 年から 1990 年まで

「前期」	旧自由党と旧民主党が統一した保守合同の時代(1955〜60 年)
「後期」	1960 年以降，安定した自民党支配の時代(1960〜90 年)

(2) 第 2 期　1990 年代の連立政権以降

「前期」	野党化を経験し，連立政権を目指す時代(1990〜2012 年)
「後期」	衆参両院で，3 分の 2 を占める時代(2012 年〜現在)

★　衆議院の定数は，1996 年　500 議席(選挙区・比例区)
2000 年　480 議席(同じ)
2017 年　465 議席(同じ)

★　第 1 回目の政権交代は，1993 年に起こっていますが，それ以前に，すでに新党ブームが準備されていますので，「第 2 期」の出発を 1990 年としました。

ように「前期」と「後期」の二つに区分することにします。その歴史を図表で示せば、上のようになります。

第二期について少し補足しておきますと、その前期で「野党化」と「連立」が同時期に生じている点が重要です。自民党は政権を失ったことにより、政権獲得のため他党と連携を組む必要が生じました。そして連携により政権奪取に成功するとそれがそのまま連立政権となるのです。ある意味で、この連鎖が繰り返されていると言えます。要するに、「野党化」が「連立政権」を生み出したともいえます。いずれにせよ、自民党の形式的かつ実態的な意味での単独支配、つまり「一九五五年体制」は一九九三年に終焉したといえます。

さらにこの後期では、安倍政権による長期自民党支配の時代が始まります。長年の自民党の悲願ともいえる改憲の条件を、一九五五年の自民党結成以来、初めて整えることができるほどの議席数を獲得したわけです。公明党と連立を組んだ自民党だけが強く、二〇一四年、一七年の二度の総選挙においても、野党第一党が五〇名前後しか存在しない、一強多弱体制が継続しています。

出発点の自民党――保守合同

では少し詳しく見てきましょう。まず第一期前期（一九五五～六〇年）です。ここで大切な問題は、自民党の成立のプロセスです。自民党は、旧自由党と旧民主党が合併してできた政党です。旧自由党の源流は、明治期に成立した立憲政友会にあります。立憲政友会は、伊藤博文を党首としてできた、藩閥政治に代わる政党政治を指向した政党です。他方、旧民主党の源流は、戦後にできた改進党にありますが、改進党の歴史は短く、旧自由党に対抗するために、二大政党制を実現しようとしてできた政党で、一九五二年から五四年の歴史しかもっていません。それが自由党と民主党の統一に至る原型です。そしてこの自由党と民主党の保守党が合流したことをもって、「保守合同」と呼んでいます。そこで、今少し、保守合同ができるまでの過程についてみていくことにしましょう。

立憲政友会を源流として、鳩山一郎が党首となって日本自由党が一九四五年に結成されます。そして一九四六年に実施された第二二回の総選挙では、第一党となっています（全四六六議席中、日本自由党一四一、日本進歩党九四、日本社会党九二、以下省略。この後、自由と進歩が連立政権）。余談ですが、特筆すべき点は、この日本初の男女普通選挙で女性議員が三九人も当選しています。しかし、党首鳩山はGHQによって公職追放にあい、政界から身を引くことを余儀なくされます。その間、鳩山は盟友であった吉田茂に自由党を引き継ぐことを依頼し、追放解除後は、再度、鳩山が党首に就く約束をします。他方、戦前の議員の多くは大政翼賛会から推薦を受けていたので、公職追放にあい、議員になることを禁じられたために、議員候補者は少なくなるのです。そこで、鳩山不在の間に、吉田は多くの若手官僚を政治家に登用して、「吉田学校」と呼ばれるまでの勢力を築き上げます。

この官僚登用型の吉田政治の手法に、党人政治家主導をめざした鳩山は反発し、一九五四年に岸信介《のぶすけ》、河野一郎などと組んで、自由党を離党、三木武夫、芦田均、重光葵《まもる》らが自由党に反発して結成した改進党と合流し、日本民主党を結成します。民主党は、吉田学校の官僚中心の政党とは異なって、公職追放を解除された党人政治家を傘下に収めます。端的にいえば、官僚政治家対党人政治家の対立です。この場面で、自由党と民主党が同じ保守政党でありながら、激しく論争を繰り広げていくのです。のちにこの自由党と民主党が合同するのですが、その仲は、かなり敵対的でした。というのも、自由党は、日本再生に使命を感じ、経済復興を主目標とした若手官僚出身者で占められていましたが、他方、民主党は、戦前には大政翼賛会に属した、追放解除後の党人政治家が多くを主導していたからです。

しかし、この敵対する二つの保守党の合流に大きな影響を与えたのが、皮肉にも日本社会党なのです。社会党は、一九五一年、日本の独立を決めたサンフランシスコ講和会議のあり方を巡って右派と左派に分裂したのですが、一九五五年一〇月に左派と右派が統一して日本社会党を形成するのです。そもそも社会党の分裂のきっかけは、講和の条件にあります。当時、米ソ冷戦が始まっていましたので、アメリカ主導型の講和会議に、ソ連を始めいくつかの社会主義国も参加はしますが、平和条約を拒否します。これでは、片肺飛行です。日本が戦争をしたすべての国と講和すべきだという理想論（全面講和派）が出てきます。この理想論と、アメリカ主導型の講和会議を受け入れる現実論（部分講和派）が対立します。理想論を掲げた左派と、現実論を掲げた右派がとうとう分裂してしまうのです（原彬久『戦後史の中の日本社会党』）。

一九五五年二月に行われた総選挙では、議席は次のようになっています。

　民主党一八五、自由党一一二、左派社会党八九、右派社会党六四（その他は略）。

その左右社会党が、政党の勢力拡大を目指して、統一すると、一五三議席になり、自由党をしのぐ勢力になります。この勢力拡大を求めて、一九五五年一〇月に、左右社会党は、統一するのです。そのため、自由党も、民主党も、統一した社会党勢力に危機感を抱きます。そこで社会党の支配の可能性を排除すべく、民主党と自由党が、左右社会党が統一した一ヶ月あとの一九五五年一一月に合同するのです。

このような社会党の統一が、保守合同の原動力になっていますが、もうひとつの理由も付け加えておかなければなりません。自由党も、民主党も、新憲法を改正する必要を感じていましたが、そのためには、まずは衆院で三分の二以上の議席を獲得しなければなりません。たとえ三分の二に到達しなくとも、最大与党になる必要性は、自由党も、民主党も感じていたのです。統一すると、二九七議席で約三〇〇の議席を獲得することができるのです（原彬久『吉田茂』）。

しかし当時、両党が合同しても、一〇年は持たないと言われたものです。というのも、自由党と民主党の目的は社会党政権を阻止することが唯一とはいわなくとも、かなり大きな要因だったのです。他の政策、とりわけ党の人事面でも対立が多くあったのです。官僚政治と党人政治の対立です。しかし政権は魔物で、いかに対立していようとも、政権を失いたくないという心理作用が働いて、いったん政権を取ると、予想に反して自民党は長期政権を担当することになるのです。このような長期政権は、誰も予想しなかったし、自民党自身も予測しなかったでしょう。しかし旧自由党対旧民主党の対立の中で、その後、旧自由党が保守本流を形成し、官僚主導型の政治を定着させていきます。この官僚主導型、つまり、党より官僚が優位に立ったため、官僚に依存して、自民党は長期政権を築くことができたのです。そのことを踏まえて、次いで、第一期後期（一九六〇～九〇年）に、話を移しましょう。

安保闘争から高度成長へ

第一期後期は、一九六〇年の池田勇人首相の「高度成長政策」から始まります。一九六〇年代の安定した自民党になるには、一九六〇年の安保闘争を経験しなければなりませんでした。一九五一年にサンフランシスコ講和会議と並行して締結された日米安保条約の改定時期が一九六〇年にやってきます。安保は日本の軍事化への道であるとして、大規模な国民反対運動が起き、国会は民衆で取り囲まれます。安保闘争です（細谷雄一『安保論争』）。一九六〇年六月四日には四六〇万人、一五日には五六〇万人が、全国で安保反対の行動にでます。この日には国会でも三三万人がデモを行っています（吉川洋『高度成長』）。

結局、参議院は結論を出さず、憲法の規定により衆議院の議決が国会議決となり、自然承認されたものとみなされ、六月一九日午前〇時に、安保条約改定は成立します。二三日に政府はアメリカと批准書を交換して、ここに新しい安保条約が発効する運びとなりました。安保闘争では、死者まで出したので責任をとり、旧民主党系に属した岸信介首相は一九六〇年七月一五日に退陣し、七月一九日に池田勇人が首相になります。

その年の一二月、旧自由党系（吉田学校の生徒）であった池田が施政方針演説で、荒廃した日本を安定させるために、「国民所得倍増計画」を発表するのです。一説には、時の首相が通常国会冒頭の施政方針演説で、経済問題を語ったのは、池田首相が最初だといわれています。それまでは、体制や国際情勢への対応など、政治的問題を語るのが常とされていました。

実は、この安保闘争と時期を同じくして三井三池炭鉱の閉山反対闘争が繰り広げられているのです。政府は、エネルギー政策を石炭から石油に転換しようとして、福岡県の三井三池や筑豊の炭鉱閉鎖に向かうのです。安保闘争は、イデオロギー闘争でしたが、三井三池炭鉱問題は、エネルギー闘争と同時に、炭鉱で働く人々の生活問題に直結していたのです。当然というか、やはりというか、権力が最終的に勝利しました。

安保闘争の混乱を機に、岸首相は辞任します。すでに述べたように、闘争の季節から経済の季節へと、自民党は政策を変更させ、その「国民所得倍増計画」を旗頭に池田が首相に就くのです。

この政策に沿って、一九六四年には、東京オリンピックが開催され、東海道新幹線が開通し、高速道路も整備されていきます。さらに一九七〇年には、大阪万博が開催され、目覚ましい発展を遂げます。その結果、一九七〇年代には、日本は先進国と認められるようになったのです。一九七五年に第一回先進国首脳会議、いわゆるサミットが、フランスのランブイエで開催されますが、イギリス、アメリカ、(西)ドイツ、フランス、カナダ、イタリアに加えて、アジアからは、日本(三木武夫首相)だけが参加するのです。ただ、先進国首脳会議は、先進という名称に先進⇔後進の差別性があるため、現在では「主要国会議」と呼ばれています。この結果、世界の国々と肩をならべるまでになった日本の政治を担う自民党は多くの支持者を集め、長期政権を実現することに成功したのです。

一九五五年体制

いずれにしろ、一九五五年体制の構図を見ますと、保守合同以来、いつ総選挙をしても自民党は約三〇〇に近い議席を確保しますが、野党第一党の社会党はつねに約一四〇前後の議席しか獲得できませんでした。一九九三年の政権交代が起きるまで、ほぼこの自民党と社会党の議席の変動はありませんでした。なぜ与党と野党が政権交代しなかったか、できなかったかは、選挙結果からみて、明らかです。一九六〇年代の与野党の議席配分からして、ここでも、いかに政権交代が不可能で

図表1-3　1960年代の与野党議席

第29回(1960年) (民社党の登場*)	自民党　296，　社会党　145，民社党　17，共産党　3
第30回(1963年)	自民党　283，社会党　144，民社党　28，共産党　5
第31回(1967年) (公明党の登場**)	自民党　277，社会党　144，　民社党　30，公明党　25，共産党　5
第32回(1969年)	自民党　288，社会党　90，公明党　47，民社党　31，共産党　14

*　1960年に社会党から分裂して，民社党ができます。
**　1964年に都市型政党として公明党ができ，67年に初選挙に臨みます。
出典：『決定版　20世紀年表』。

あったかが鮮明に理解できます。

図表1-3は、一九六〇年代も自民党一に対して、社会党は〇・五の割合の議席配分を示しています。それには構造的理由があるのですが、それは第三章(七八頁以下)で詳しく分析します。

この議席結果からみても、圧倒的に自民優位で、野党第一党はつねに社会党ですが、一九六〇年代の自民党による高度成長政策が実を結んだのか、一九六九年には、とうとう社会党は議席を二ケタに落とすのです(その後、三ケタに戻しますが、以前のような一四〇台を回復していません)。ここに、自民党＝政権党、野党第一党＝社会党という不動の体制が完成します。この体制を「一九五五年体制」と呼びます。

派閥抗争――イデオロギーと勢力関係

しかし一九五五年体制と呼ばれる安定した政権維持を経験した自民党政権にも、内部の対立は存在しました。俗にいう派閥抗争ですが、政策的に見れば、結党当時は、旧自由、旧民主の両党とも改憲を目指していました。しかし経済復興を中心とし、アメリカから要請の強かった日本の防衛力強化を拒否した旧自由党の吉田学校出身者は、日本の経済発展を主な政策課題とし、改憲を目的として政治的軍事的独立を果たそうとした党人政治家を中心とした旧民主党との政策は大きく異なってきます。

合同当時はそれほど明確でもなかったのですが、一九六〇年代に入ると、両派のイデオロギーは以下のように大きく異なってきます。一九六〇年代に顕著になった、旧自民、旧民主、両派の政策的相違を図表1-4として示しておくことにしましょう。

図表1-4　旧自由党と旧民主党の相違

	憲法	軍隊	政策
旧自由党	現行憲法維持	保持しない	経済政策中心
旧民主党	現行憲法改正	保持する	政治政策中心

旧自由党の流れとして池田首相は宏池会という派閥をつくり、多くの後継者がこの宏池会から出ています。「保守本流」とも言われ、大平正芳、宮沢喜一といった流れです。宏池会は、公共事業を拡大し、改憲よりも「豊かな社会」を創造しようとした人々の流れです。これは反面、公共事業がもたらす財政赤字の原因もつくります。このなかでも宮沢は、護憲論者として有名で、つねにポケットに小型の六法書を携帯していたといわれます。何かあると、即座に憲法を見たと言われるほどの護憲派です。いまでは宏池会の流れは安倍内閣での外務大臣などを歴任した岸田文雄がひきついでいます。

他方、一九七六年に政権に就いた福田赳夫《たけお》首相は対抗して清和会を創ります。基本的に改憲派と言え、最近では森喜朗、小泉純一郎、安倍晋三といったところです。どちらかと言えば、旧民主党の系譜に属しています。旧民主党系で有名な首相として、中曽根康弘を上げることができます。旧自由党系は経済政策を推しすすめますが、中曽根首相は、憲法改正や自衛隊の強化に力を注ぎます（服部龍二『中曽根康弘「大統領的首相の軌跡」』）。

見逃せないのは、この第一期前期において、自民党政権を担った多くが旧自由党の流れであるということです。福田政権以前はとくにこの傾向が顕著でした。ただ、この構図も、小選挙区比例代表並立制が導入されて以来、後述するように、利益代表としての政党の機能が変わったこともあり、派閥そのものが意味を低下させていきます。

利益代表としての政党

政党は英語で、Political Party と呼びます（岡沢憲芙『政党』）。そもそも、イギリスで、政治資金を集めるためにパーティを開いたことがその語源だともいわれていますが、それと同時に、政党は Party すなわち Part なのです。Part とは部分のことです。一部という意味です。一部という意味は、ある一部の利益を代表しているのが、政党だということになります。

歴史的に見ると、イギリスにおいて都市と農村の利益が対立し、都市の利益を代表する政党と、農村の利益を代表する政党が成立したのが、政党政治が始まったきっかけだともいわれています。

さらに一七七〇年代から一八三〇年代にイギリスで起きた産業革命の結果、資本家と労働者の利益が対立し、資本家の利益を代表する政党と、労働者を代表する政党が誕生してきます。この都市

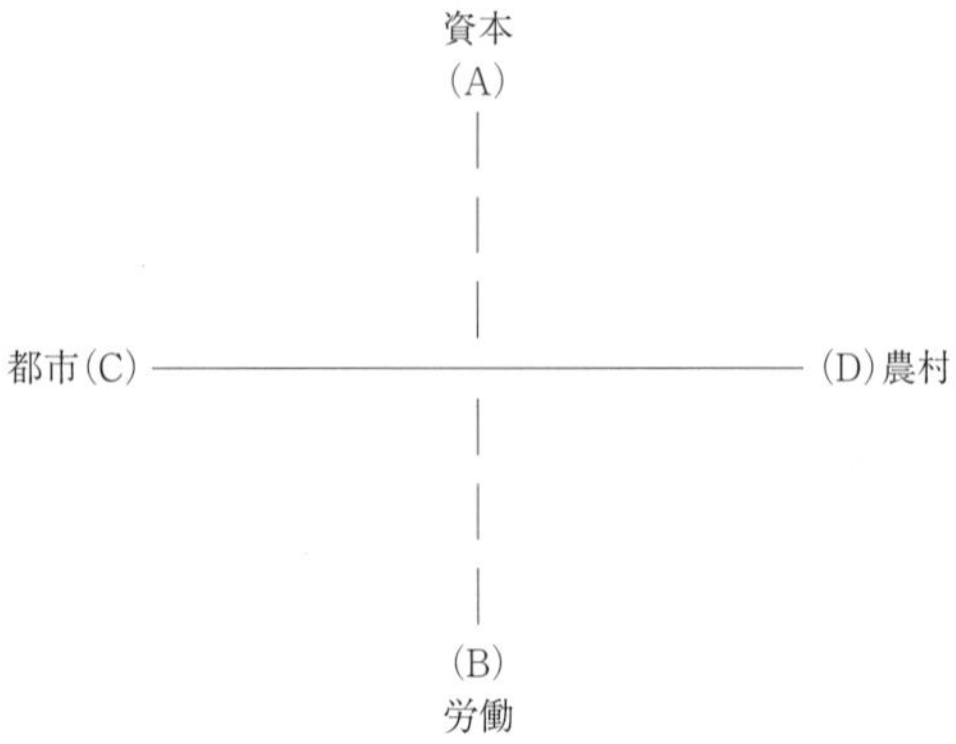

自民党＝A+C+D
社会党＝B+C
共産党＝B+C
公明党＝C

図表1-5　政党の対立軸

と農村、資本家と労働者の二つの対立は世界共通の対立です。そこで、この二つの対立を図示しておけば、図表1-5のようになります。

それでは、それぞれの政党はどの基軸に足を置いて政策を進めているのでしょうか。一九六〇年代でいえば、図のようになります。ただし、これはあくまでも政党の基盤の位置を示したもので、勢力の大きさを示したものではありません。図をもとに各政党の支持層を見ていくと、自民党もCに、共産党もCに基盤を置いていますが、勢力としては圧倒的に自民党の方が勝っています。そのことを念頭に置いて当時の状況を整理してみましょう(ただ、この勢力図は、一九六〇年代、七〇年代に焦点をあわせており、中選挙区制度の第一期に限定されるものです)。

この整理図でも理解できるように、社会党と共産党は、競合する基盤の上に成り立っていたのです。一番古い政党は共産党で一九二二年にできています。社会党は一九四五年に、そして自民党は一九五五年にできています。一定の歴史を堅持した政党の中では、一番新しい政党は公明党です。

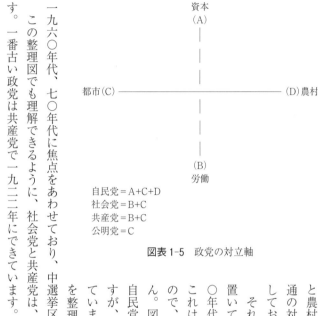

一九六四年、第一回目の東京オリンピックの年に典型的な都市型政党として誕生しています。社会党は一九六〇年代に一四〇前後の議席を保持していましたが、一九九三年には七〇にまで議席を減らし、その後、社会民主党と改称し、ほとんど国会での影響力を失いました。一九六〇年代、七〇年代は、自民党は農協を中心として、農村部から多くの議員を出しています。都市部は、逆に非自民と拮抗していました。農村部は、人口が少ないのに、自民党議員を多く輩出するとして、農村部の過剰代表と、農村部の保守化が、つねに批判されてきました。

他方、自民党は終始一貫して、労働勢力を除くすべての支持を受けているのです。ここに先ほどの派閥の流れを重ね合わせれば、とくにこの時期に旧自由党系、いわゆる「保守本流」に属する派閥が基本的に政権を担っていたことと結びつきます。自民党(旧自由党)の政策が戦後の混乱期を乗り越え、世界第二位のＧＤＰ(国内総生産)高を誇る国に成長させたのです。

いずれにしろ、第一期後期において自民党は、民衆の心を政治闘争から豊かな生活指向へと転換させたのです。一九六〇年代の高度成長の時代は、単に日本だけではなく、第二次世界大戦以降、キューバ危機などを挟みつつ、米ソが平和に共存し、世界の目は経済成長に向いたのです。アメリカでも、一九六〇年代に、池田内閣の「国民所得倍増計画」に匹敵する「偉大な社会計画」がジョンソン大統領によって実施されています。人種差別の撤廃、所得の拡大に邁進するのです。イギリスも戦後、あの有名な「ゆりかごから墓場まで」と銘打った福祉政策を実施します。

別の角度から見れば、高度成長は日本だけではなく世界の潮流であり、日本も自民党を中心として、この潮流に乗ったといえるでしょう。

一九九三年から始まる政権交代

次いで第二期前期(一九九〇〜二〇一二年)に移ります。この時期に、自民党も政権交代を経験し、連立政権の時代を迎えます。すなわち、野党化と連立の時代です。すなわち、一九五五年体制が終焉し、自民党が変容していく時代です。起点となったのが一九九三年、非自民・非共産党の八派(七党一会派)による連立で生まれた細川護熙《もりひろ》内閣の成立によって、自民党が野党に転落します。これは一九五五年以来の初の政権交代でした。

一九六〇年代の高度経済成長期の公共事業の拡大とともに「豊かさ」を実感し始めた日本社会ですが、企業や政治の結びつきはその暗部を明らかにします。田中角栄前首相が収賄で逮捕されるというショッキングな事態にまで発展したロッキード事件(一九七六年)、バブル経済を後景に株の不正取引で贈賄を行ったリクルート事件(一九八八年)など汚職が多発するようになりました。一九九三年の自民党の選挙での敗北は、このような政治に嫌気がさした国民の選択といえます。それゆえ自民党から政権を奪った細川内閣は、政治とカネの関係を透明化するために、政治改革を実施し、小選挙区制を導入します。同時に企業から献金をもらわなくてもいいように、国民ひとり当たり二五〇円を基礎とした政党助成金を創設し、当選議員の割合に応じて、助成金を配布する仕組みを取り入れました。これによって、政治とカネの汚れた関係を絶とうとしました。

図表1-6　政権交代の時間軸と政権党の変化

(A)政権交代の時間軸

―(1993年)―(1994年)―(2009年)―(2012年)―(現在)
　(第1回)　(第2回)　(第3回)　(第4回)

(B)政権交代の内容

(第1回)	1993年	自民党から細川連立政権へ政権交代
(第2回)	1994年	自社さ政権誕生で，自民党与党への復帰(首班復帰は1996年)
(第3回)	2009年	自民党から民主党への政権交代
(第4回)	2012年	民主党から自民党への政権交代

これが自民党が下野する最初の政権交代でしたが、ではここでその後の政権交代にも触れておきましょう。選挙による、よらないにかかわらず、一九五五年に自民党が結党されて以来、実は今までに、政権交代は四度しかおこっていません。それは、この一九九三年に続き、一九九四年、二〇〇九年、二〇一二年です。そして自民党が政権から外れたのは、一九九三年から九四年の間の一〇ヶ月及び二〇〇九年から一二年の三年しかありません。一九九四年、二〇一二年の政権交代は、理論的には政権交代ですが、むしろ自民党の政権復帰と言った方がいいでしょう。自民党が政権政党でなかった時期をむしろ覚えておいてください。政権交代を表示すると図表1-6のようになります。

一九九四年――「禁じ手」社会党との連立

ここで四つの政権交代の内容について説明を加えていくことにします。

まず第一回の政権交代について整理しておきます。一九九三年の総選挙では新党ブームが巻き起こります。「新しい保守主義」を標榜し、自民党を離脱した小沢一郎や羽田孜《はたつとむ》が結成した新生党、熊本県知事から国政に鞍替えし「責任ある改革」を掲げ、日本新党を立ち上げた細川護熙などが大きな注目を浴びました。しかし、実はこの選挙でも最も多くの議席を占めた政党は自民党で、二二三議席を獲得しています。小沢一郎らの離党があり、自民党は改選前には二二二議席となっていましたから、選挙結果だけを見るとむしろ一議席増やしているのです。他方で、離党者の影響も大きく、当時の衆議院の議席は五一一でしたから、過半数(二五六議席)には届きませんでした。

これに対して、新生党が五五議席、日本新党も三三議席を獲得します。日本社会党もまだ健在で五〇議席を取り、武村正義、鳩山由紀夫らいわゆる「保守リベラル」と言われる当時の中堅・若手自民党員たちが離党して立ち上げた、新党さきがけが一二議席獲得します。ただこれらの数字を、自民党のそれと比較するかぎりにおいて、圧倒的に自民党がまだ支配している選挙結果とみなせます。有権者から見れば。まだまだ相対的に自民党支持が多かったわけです。

しかし、ここで自民党より小さい八派(七党一会派)が連立を組む決断を行い、自民党の議席数を凌駕しました。そして日本新党の党首、細川が首班指名されたのです。その結果、一九五五年の結党以来、自民党が初めて野党へと下りました。

細川政権は脱自民党政治を掲げ、斬新な政治を行おうとしました。ただ多くの国民の理解を得ないまま、突如「国民福祉税」(大型間接税)を導入しようとし、国民の反発を受けました。細川は羽田に政権を譲りますが、二ヶ月後にはこれ以上の多数派工作に活路を見出せず、総辞職に追い込まれます。これが二回目の政権交代のきっかけとなります。

　このタイミングで自民党の河野洋平総裁は政権を取り戻すために、思い切った画策をします。つまり、社会党と新党さきがけと連立を組み、多数を取るのですが、ここで首相を少数政党である社会党の村山富市《とみいち》にするのです。第一期に与野党として激しく対立してきた社会党と自民党が連立を組む、しかもその社会党党首を首相にかつぐというのは世間を大いに驚かせました。社会党は「米帝国主義は、日中の共同の敵」とまで発言した浅沼稲次郎を委員長(一九六〇年に講演中に暗殺されます)を有していた過去のある政党です。イデオロギー的には、自民党と一八〇度異なり、水と油の関係でした。自由主義陣営の一員であろうとし、アメリカ帝国主義の傘下に入ろうとした自民党と、政策の実現可能性はともあれ、社会主義社会の実現を目指してきた社会党は、体制選択を含むイデオロギー対立の関係にありました。

　こうして一九九四年に、総理＝村山富市(社会党委員長)、副総理＝河野洋平(自民党総裁)という政権が誕生します。これは自民党政権とはいえませんが、自民党は政権復帰を果たし与党となりました。

　ただ、これは一種の「禁じ手」でもありました。かつての与党＝自民党と野党＝社会党が連立を組むのであれば、有権者は政権批判のために、どの政党に投票したらいいのかわからなくなります。選挙の選択の幅は小さくなりますし、極端に言えば、政権選択の幅がなくなってしまうからです。もちろん、共産党という野党勢力が存在していましたが、政権批判に向かう有権者の多数にとって、これはイデオロギー性が強すぎて、受け皿とはなりません。さらに「万年野党」と揶揄され続けてきた社会党が、選挙の多数を取らずに、言い換えれば、国民の委託なしに、自民党の策略にのって首相を出したというのも問題視されます。夢にさえ見ていなかった首相の座が、突如として村山に飛び込んできました。

村山首相はやがて憲政の常道からして、一番議員数を持っている自民党から首相を出すべきだと述べ、一九九六年に自民党橋本龍太郎総裁(河野洋平の後任)に政権を譲ります。かくて橋本首相のもとで、自民党は政権への完全復帰を果たすことになります。

一九九九年――選挙協力のための自公連立

さて下野に懲りた自民党は、新たに導入された小選挙区比例代表並立制のもとに、どのように政権維持を固めるか思案します。よく言われることですが、自民党の政権維持に向けた執念には、なみなみならないものがあります。与党に復帰するため多数派工作として社会党とも手を組んだ先のケースは好例でしょう。似た手法をここでも使います。実は自民党は、公明党に対して、創価学会を基盤とした宗教政党であるとしてつねにこれまで批判してきました。ところが多数派工作のため、今度はその公明党とも手を組むことにしました。

比較のために触れておけば、自民党による社会党、新党さきがけとの連立は、あくまでも衆議院のなかでの多数派工作のためでした。これは議会のなかでのドラマに過ぎません。しかし、一九九九年に起きた自民党と公明党との連立は、政権の多数派工作のためだけではなく、新たに導入された小選挙区制下での選挙協力、つまり勝ち続けるための手段でもありました。とにもかくにも、選挙に勝たなければ、長期政権は維持できません。公明党そのものは確かに宗教政党ではありませんが、主な支持基盤は創価学会という宗教団体です。創価学会員は、全国で六〇〇万人とも、七〇〇万人とも言われます。少なく見積もって六〇〇万人としても、当時、三〇〇あった小選挙区(二〇一七年現在では、二八九に減っています)で単純に割り算すると、一選挙区二万人の創価学会員、いいかえれば二万票の基礎票を持つことになります。第四章で、改めて詳しく触れますが、この二万票があるかないかで当落が決まるのが小選挙区制なのです。言い換えれば、勝利を確固とするために、自民党はどうしても、この公明党の基礎票がほしかったのです。

すこし細かな事柄になりますが、有権者は全国で約九〇〇〇万人います。三〇〇の小選挙区で割ると、有権者は一選挙区三〇万人(九〇〇〇万人÷三〇〇議席＝三〇万人)となります。投票率にもよりますが、平均五〇パーセントの投票率と仮定すると、選挙に出かける有権者は、三〇万人の半分、一五万人です。これを小選挙区制の二党で争うと、勝敗ラインは七万五〇〇〇票になりますが、公明党の二万票が全部自民の流れると、非自民との票差は二万票の二倍、つまり四万票になります。単純化していえば、自民九万五千票、非自民五万五千票となり、四万票の差がでます。

その見返りは何でしょう。小選挙区で自民党に協力した公明党は、比例選挙区において、自民党の協力を得ます。公明党は勝ち目の薄い小選挙区で候補者を立てないかわりに、少数政党に有利な比例区で多くの議席を獲得する作戦に出たわけです。こうして「選挙区は自民で、比例は公明で」というコピーが氾濫します。両党にとってまさにウイン・ウインの関係といえます。要するに、自公の連立政権とは、政策で連立したものではなく、あくまでも選挙協力を目的としたものだと整理できます。二〇一八年の現在も、その姿は変わりません。

かくて社会党との連立という「禁じ手」、あるいは選挙目的だけの自公連立という「奇策」を講じても、自民党はその長期政権を維持することに多大な力を注いできたと言えます。その意味で、政策や理念だけではなく政権を維持するためには、何でもするという「ぬえ的政党」が自民党であり、これが長期政権を可能にしてきたといっても過言ではありません。

民主党の躍進

さてこのような自民党と公明党の連立により、自民党政権は安定した状態が続くように見えました。しかし、小選挙区制のインパクトは想定を上回るものでした。これが二〇〇九年の第三回目の政権交代、総選挙における自民党の大敗と民主党の大勝を生み出します。ここで少し民主党について触れておく必要があるでしょう。

実は民主党には三つの段階があります。第一の段階は、一九九六年で、いわゆる旧民主党といわれます。新党さきがけを辞めた鳩山由紀夫、菅直人《かんなおと》の二人が共同代表として新たな党を誕生させた段階です。「官僚依存の利権政治」からの脱却や地域重視がスローガンとなっていましたが、この時の民主党の議席は五〇程度にとどまっています。

その後、一九九八年には、他の会派と合流し勢力を拡大し、第二段階に入ります。いわゆる民主党はここから始まりますが、枝野幸男、岡田克也といったのちに活躍する面々が表に出始めるころです。「行政改革」「地方分権」「政権交代」を掲げますが、生活者を大切にしようという視点を打ち出していました。メンバー的には「保守中道」と「中道左派」を糾合したような状況で「中道」を基本としましたが、自民党の「保守本流」や反共色の強い政治家もおり、どちらかといえばかなり雑駁な組織でした。一九九九年に鳩山由紀夫が党首になったころから党勢も拡大し、二〇〇〇年六月の総選挙では、改選前の九五から一二七へと伸ばし、二大政党制の誕生もあながち夢ではない状況となりました。

第三段階が、二〇〇三年の小沢一郎の自由党との合併です。民主党の躍進は、当然、国会での民主党の存在感の高まりにもつながっていきます。この年の一一月の総選挙では、政権交代が起きるのではないかと予想されるまでに勢力を伸ばしますが、結果としては過半数には届かず、野党のままでしたが、野党として史上最大の議席を獲得します(自民二三七、民主一七七)。

しかし、小泉純一郎政権がこの前に立ちふさがります。個人的な人気をもとに、郵政民営化などで改革者を演出し、「自民党をぶっ壊す」などとアピールした小泉のパフォーマンスは絶大で、二〇〇五年に小泉首相が、いわゆる「郵政選挙」に踏み切り、圧倒的な勝利をおさめます。民主党は一一三議席に減らし、代表の岡田は責任をとって辞任します。後任は若手で清廉なイメージのある前原誠司でした。

ところで、これらの議席の著しい増減は、小選挙区制が強者に有利で、弱者に厳しい制度であることを改めて浮き彫りにしました。問題は小泉首相が二〇〇六年に退任してから表面化します。小泉政権下で、安倍晋三、福田康夫、麻生太郎らが後継を目指していましたが、若い安倍晋三がここで首相の座を勝ち取ります。自民党が下野するきっかけをつくったのはこの第一次安倍政権でした。安倍は「美しい国づくり」を標榜し、小泉の「構造改革」を継承すると宣言しました。しかしながら、政治家の不祥事が相次ぎ、また政権が「お友達」で周りを固め、バランスを欠いているとメディアから激しい批判を受け続けると、体調不良で安倍は突如、辞任し、自民党政治は迷走を始めます。これを継いだ福田、麻生も同様の負のスパイラルを止められず、自民党に対する嫌悪感が国民に募る一方となりました。

この過程の中で、参議院における民主党勢力の伸長が意味を持ってきました。これは後ほど立ち戻りますが、二〇〇七年の参議院選挙では、改選一二一議席中、民主党が六〇をとり、自民党は三七にとどまるという衝撃的な事態が起きます。これは、民主党が基盤の弱かった農家の票田を取り始めたことを意味します。小泉流の構造改革は痛みを伴うのですが、とくに地方はこれを重く受け止めていました。地域や生活を第一とする民主党の政策が受けたとも言えます。結果として、民主党は自民をしのぐ勢力を形成できるようになりました。その結果、衆議院では自民党が法案を通しても、参議院では通らないという、衆議院と参議院の「ねじれ国会」が常態化したわけです。その結果、国会は停滞し多くの有権者は、自民党の力に限界を感じます。小泉以降の自民党政権が見放されていくのも、首相が約束したことが議会でできない自民党の「弱さ」に国民が嫌気がさしてきたことと結びついています。

選挙による政権交代

このような条件の下で、二〇〇九年に総選挙を迎えます。これは一面、確かに民主党の勝利でしょうが、自民党の自滅という側面も見逃せません。弱者をさらに弱める小選挙区制がここでは自民党を苛めました。結果は、自民党が一一九議席に対して、民主党が三〇八議席をとります。民主党の圧勝です。こうして、連立の組み替えなどではない、選挙による多数党の入れ替わりによる政権交代が初めて実現したのです。

しかしながら、政権を取ることについては、民主党内の結束は固かったのですが、いざ政権を取ってみると、鳩山、菅、小沢といった民主党の党首経験者の意見が一致せず、政権運営が停滞します。追い打ちをかけるように、小沢の政治資金問題が、不正を含んでいるのではないかと起訴されました。結果は無罪判決なのですが、これらにより、民主党は統治能力を欠如させた政党だというイメージが植え付けられました。

そして、二〇一一年の「3・11」を迎えます。地震の規模も大きかったですが、これに伴う津波災害は未曽有のものとなりました。なかでもこれにより、福島原発は壊滅し、この事態に対処できない民主党へ国民の不信は一気に高まります。鳩山、菅、そして野田佳彦と首相が代わっても、民主党の支持率は長期低落傾向です。そのとき自民党党首として返り咲いた安倍晋三が野田首相に強く解散を迫り、打つ手をなくした民主党もこれに同意します。次の総選挙の結果は火を見るより明らかでした。

二〇一二年の選挙では、予想通り、自民党が圧勝します。付言すれば、これも自民党の勝利というより、民主党の敗北の結果といえます。まさに、二〇〇九年とは反対方向に「オウン・ゴール」で自民党が得点を獲得したと言えます（日本再建イニシアティブ『民主党政権　失敗の検証』）。ただ、政権復帰を果たした自民党は、この三年間で十分に失敗の意味を学習し、安倍第二次政権は新たな政権運営にかじ取りを行うことになります。その結果、二〇一二年に政権についた安倍首相は、二〇一八年一〇月現在で、在任二四〇〇日を超える、長期政権を維持しています。いうまでもなく、ここで生まれた政権もまた、やはり自公連立を継承していることを付け加えておきましょう。

他方で選挙に大敗した民主党はその後、迷走します。テレビ番組で人気を得て弁護士から政治家に転身した橋下徹らが立ち上げた（第一次）日本維新の会の後継の維新の党と、二〇一六年に統一し、民進党を結成。二〇一七年の総選挙では、ポピュリスト的に登場した小池百合子東京都知事を代表とする、出来たばかりの希望の党とその民進党（衆議院）が合流など、数合わせのため離合を繰り返します。小池が民進党左派との合流を嫌った結果、枝野幸男が急遽、立憲民主党を立ち上げ、「リベラル」の結集を訴えると、これが野党第一党に「躍進」するという事態が生まれます。ただ「躍進」といっても五五議席ですから、自民党の二八四、公明党の二九という連立与党の前では太刀打ちできるものではありません。ついでに言えば、「希望の党」は五〇、（第二次）日本維新の会は一二となり、さらに希望の党の多数と民進党（参議院）が合流し、国民民主党が結成されました（二〇一八年五月）。皮肉なことですが、政権党である自公が安定している一方で、政権を取ることを目的とした野党が、分裂をともなう再編を続けているのです。野党は再編すればするほど、離党者を出し、分裂を含む再編は野党のさらなる弱体化につながっています。

政権を維持し続ける自民党

このように見てみますと、いかに自民党が長期政権を維持してきたかが理解できます。政権交代といっても実質的に選挙によるものは、二回であり、そのうち一回は自民党の政権復帰ですから、自民党が選挙で敗北して下野したのは二〇〇九年のただ一回のみといえるわけです。

他方で客観的にみれば、その自民党も、一九九〇年代になって勢力を落とし続けていることは確かです。得票率にそれは如実にあらわれます。二〇一七年の総選挙を例にとれば、自民党の得票率は四八％に過ぎないのに、全体の七五％の議席数を獲得しています。小選挙区制の恩恵がなければここまで大勝ちはできないというのが事実でしょう。自民党政権の下、一九九〇年に日本経済は破綻に追い込まれ、バブル崩壊が発生したことを思い出してください。それまでの自民党政権は持続的な経済成長を有権者に約束することで成立していたといえますが、それが破綻したのです。これを契機に資産は減少し、日本経済は縮小していきます。基本的に今なお、この傾向は変わっていないと言えます。安倍政権が財政赤字の拡大を無視してでも、ひたすら経済成長にこだわる理由がここからうかがえます。

いずれにせよ、自民党は連立政権を組まないと与党としての地位を確保できなくなってきているというのは確かです。自民党の連立プロセスを一九九〇年代から整理すると（一時的に組まないときもありますが）、以下のようになります。

自民＋社会＋さきがけ＝自社さ政権（一九九四〜九六年）
自民＋自由＋公明＝自自公政権（一九九八〜二〇〇〇年）
自民党＋公明党＝自公政権（二〇〇〇〜〇九年、二〇一二年〜現在）

ところで、いままで自民党を現代日本政治の主なプレイヤーとして描いてきましたが、日本政治といっても、とりわけ衆議院を中心に話をすすめてきました。しかし、日本の国会は二院制をとっています。すでに参議院の意味について若干触れましたが、もう一度、ここで整理してみましょう。

実は、この第二期に入ってから、自民党の野党化と連立が進むのと歩調を合わせるかのように、自民党は参議院でもまた弱くなってきたのです。衆議院で勢力を持つ政党と、参議院で勢力を持つ政党が同じではない、俗にいう「ねじれ現象」が常態化するようになりました。先にも少し触れましたが、「ねじれ」とは、衆議院では政党Aが政権を取り、参議院では、政党Bが主導権を握る状態を意味します。知られているように、一部の例外を除いて、法案を確定するためには、衆議院と参議院の両院での承認が必要ですが、「ねじれ現象」を起こすと、衆議院＝可決、参議院＝否決という状態が発生します。ですから、政権を担っていても、参議院からの抵抗を受けるため、参議院での多数派工作も必要となります。

ねじれ現象の長期化は、二〇〇七年に野党民主党が参議院で一〇九議席を獲得して、第一党になり、自民党が八三議席で第一党を取れなかった時点から始まります。自公政権が衆議院で通した法案を、民主党が他の野党とともに反対しやすい環境が生まれました。もちろん、国会は停滞します。半数改選がくる三年間は我慢するしかないのです。参議院は衆議院と違って解散がありませんから、衆議院のように選挙を随時、打てません。

面白いのは、衆議院で民主党が第一党となった二〇〇九年以後、今度は参議院で徐々に自民党が盛り返していきます。二〇一〇年の参議院選挙では、民主党一〇六議席、自民党八四議席でしたが、二〇一三年の参議院選挙ではついに自民党が第一党に返り咲きました。ここで安倍政権はさらに強化されました。衆議院も参議院も自民党が第一党となり、「ねじれ」が解消されたからです。この経過を表せば、図表1-7のようになります。

二〇一二年の自民党安倍政権の成立は、衆参「ねじれ」を解消し、圧倒的な自民党政治を復活させるモメンタムになりました。

機能的にみれば、この「ねじれ」があるからこそ、党派を超えて、衆参両院の間で審議がつくされ、より民主主義は成熟度を増すのですが、他方で「ねじれ」は、結論を出すのに時間が掛かります。多くのマスコミは、この「ねじれ」を批判していました。もっとも両院とも自民党が支配していた時は、衆議院で可決した法案は、そのまま参議院でも可決されるわけですから、「参議院は衆議院のカーボン・コピーか」と言われていました。メディアというのはどちらにしても批判するのが仕事です。いずれにせよ、二院制の成熟が望まれますし、それがさらに日本の民主主義の成熟度を高めるとわたしは思っています。

ここで重要なことは「ねじれ」の解消が今の自民党の圧倒的な強さを増幅させているという点です。二〇一二年以降の総選挙結果を見てみますと、以下のようになります。これを見る限り、選挙による政権交代は、近い将来、あまり期待できそうもありません。二〇一二年に政権に返り咲いた自民党は、ここしばらくの間、政権を担い続けることになるでしょう。

図表1-7　衆参のねじれ国会

2005年	衆議院	自民党政権	
2007年	参議院	民主党支配	(ねじれ国会)
2009年	衆議院	民主党政権	
2010年	参議院	自民党支配	(ねじれ国会)
2012年	衆議院	自民党政権	
2013年	参議院	自民党支配	(ねじれ国会の解消)

二〇一二年　自民二九八議席、民主(野党第一党)五七議席

二〇一四年　自民二九一議席、民主(野党第一党)七三議席
二〇一七年　自民二八四議席、立憲民主(野党第一党)五五議席

第二章　政　党――組織政党と議員政党

政党とは何か

では、なぜ自民党は強いのか、長期政権の座にあるのかについて、政党の組織から考えてみたいと思います。政党とはとても不思議な組織です。日本には、ヨーロッパ各国が持っている政党法というものがありません。確かに、公職選挙法や、政治資金規正法、政党助成法などの法律の中では、法人格をもった団体として登場する場合もありますが、任意団体でも、政党となることは可能なのです。日本でも政党法をつくろうとした経緯はあるのですが、憲法二一条に規定された「結社の自由」で、政党を結成する要件は満たされているとして、新たに政党法をつくることは見送られた経緯があります。推論の域を出ないのですが、政党法をつくると、政党の結成、再編、改変に法的手続きが必要になるため、見送られたのかもしれません。「結社の自由」を基本に置いておけば、政党の結成、再編、改変は自由に行えます。

国会では政党ではなく、会派としてあつかわれています。会派とは、当選した国会議員のなかで政策や理念を同じくする人々が集まってできている任意団体です。この会派をつくるには、最低三名の議員が必要です。会派が政党と重なり合う場合もありますし、二、三の政党が一緒にひとつの会派をつくることもあります。というのも、国会での発言権の強さは、基本的には会派の大きさに依存しているからです。

政治団体として政党は法人格をもつ場合もありますが、会派はあくまでも任意団体です。例えば、民主党は法人格を持ちましたが、維新の党と合併して民進党になったときでも、法人としての民主党は登録変更を行いませんでした。

政党はあくまでも民間の団体です。誤解を恐れずに言えば、NPOや財団、株式会社と同列に扱うことができる団体です。ただし、この団体が選挙管理員会に届け出をすることで、政治団体となります。届け出を通じて、団体は政治活動、選挙活動をすることができるようになります。この政治団体に所属する民間人である候補者が選挙という洗礼を受けて当選すると、国会議員として公職に就く特別公務員となるわけです。普通、公務員といえば、国家公務員のように、国家公務員試験を受けて、終生、公務員を職業とする人もいます。しかし国会議員は、選挙に当選すれば特別公務員、落選すればただの民間人です。いわば政党とは、民間人と公務員の間を往来している人々を中心に構成された組織です。

政党を正面から論じた法律は、政党助成法（政党交付金法）だけです。そこで政党助成金（政党交付金とも呼びます）について、説明しましょう。

まず議員数ですが、最低五名が必要です。政党助成金は税金ですが、直近の国勢調査の人口を基本に国民ひとり当たり二五〇円を基礎とし総額が決定されます。この制度が導入されたのは前章で見た通り、細川政権のときです。算定には議員数に得票数を加えて計算します。配分は年四回三ヶ月ごとに行われます。助成金総額は人口によって異なりますが、おおよそ三二〇億円になります。当然、与党になると配分額は多く、野党になると少なくなります。

図表2-1を見てもよくわかることですが、三〇〇議席近く獲得すると、助成金の約半額が、その政党に配分されます。二〇〇九年に民主党が政権をとると、翌年一〇年一月の配分では、一七一億円の助成金が支給されました。二〇一四年の総選挙で、民主党が完敗すると翌年一月に配分される政党助成金は、八五・三億円と半分に落ちます。

図表2-1　政党助成金の配分額

民主党政権時代	2010年	民主党	171.0億円
		自民党	102.6億円
自民党政権時代	2015年	自民党	170.5億円
		民主党	85.3億円

出典：選挙管理委員会報告にもとづく。

ここでも政党たる要件は議員数だけなのです。「政党とは……と定義し、それに基づいて配分する」といった法律はありませんので、政党として届け出があった議員数と、先の選挙での得票率を基本に計算されます。

わたしが国会議員になろうとすると

ここで不思議な問題が浮かび上がってきます。例えば、わたしが国会議員になろうとします。無所属の個人で出馬する場合はいいのですが、やはり政党の旗を鮮明にして立候補しようと思います。

そのためにはまず候補者として政党の支部長を務めます。日本には二〇〇四年には、三〇〇の小選挙区があり、その選挙区が政党支部にあたります（二〇一八年現在では、小選挙区は二八九）。

政党Aから立候補しようとすると、まずどこかの選挙区のA党支部長を目指します。支部長＝次期候補者です。そもそも候補者は自分の当選のために働きますが、支部長は政党のために働きます。このように目的が異なりますが、候補者が自分の所属する政党を宣伝することは、自分が当選する活動にもつながるのも確かです。制度的には支部長と候補者の仕事が異なるにもかかわらず、同一人物が二つの役割を担うことなり、外からはなかなか違いが見えないことになります。ただ、法律上、経費の報告書（領収書）には、政党支部助成金を使ったのか、自分の政治資金管理団体の支出なのか、明記しておく必要があります。この違いをきちんとして報告書を選挙管理委員会に出さないと不正とみなされかねません。二つの資金の流れを示せば、以下のようになります。

政党助成金⇓政党支部（公的資金）
個人の資金⇓管理団体（私的資金）
⇓　候補者A

支部長になる、すなわち政党Aの公認候補になるためには、政党の公募に応じなければならならず、政党がこれを選考して選びます。この選考過程は、一般的に都道府県にある各政党の都連、府連、県連などが実施しますので、党中央が直接関与することはほとんどありません。そして都連、府連、県連は国会議員だけではなく、市町村会議員、都道府県会議員も含めて構成されていますので、国会議員の候補を決めるのに、市町村会議員、都道府県会議員の意思が強く働くことが少なくないのです。

わたしが政党AのX選挙区の支部長＝次期候補者になると、おおよそ毎月五〇万円の政党支部金がもらえます。これは政党活動の資金です。他方で選挙になると、一千万ほどの選挙資金が必要となります。これは候補者個人が選挙に勝つための経費ですから個人経費支援です。

支部金は政党助成金＝税金＝公金から支払われます。しかし、わたしはまだ当選していないので民間人にすぎず、政党支部長という肩書しかもっていません。その支部長＝民間人に政党助成金＝税金＝公金が支払われるというのは不思議な話です。それゆえ、日本でも政党法が必要だと思っています。もっとも、選挙管理委員会に届け出た政党という組織が支部長を指名するとみなせば、これを完全な民間人とも言い難く、強いて言えば半公人的な存在ともいえます。わたしが街頭に立って演説するとき、政党の広報活動としてこれを行っても、有権者には次の選挙の候補者としか認識できないでしょう。実際、選挙になった瞬間に、支部長は候補者になり、一千万円程度の支援を受けますから。しかし公職選挙法では、区別して取扱います。

さらに現職議員が落選したときには逆に公人から私人になります。しかし政党支部長のままでいることもできます。落選しても支部長として、毎月五〇万円の収入があるのです。古い話ですが、大野伴睦という自民党議員が有名な言葉を残しました。「サルは木から落ちてもサルだが、政治家は選挙に落ちたらただの人だ」と。ただ政党助成法ができた今は異なります。「政治家は選挙に落ちても支部長だ」となります。ただ二回続けて落選すると、支部長の地位も失うというのが、多くの政党の決まりです。

個人資金はどうなるのか

では候補者もしくは議員の政治資金、つまり、公金でない個人資金はどうなっているのでしょうか。政治資金規正法改正以前、特段の規制そのものはなかったのですが、一九九四年以降、個人の政治資金にも規制がかかるようになりました。候補者または議員は個人として、お金を取り扱うことはできません。政治家になろうとする人、またすでになっている人は、政治資金管理団体を設置し、選挙管理委員会に届け出なければなりません。言い換えれば、個人では金銭は取り扱えないのです。端的にいえば、政治家とカネを切り離したのです。

では、その財源はどこから来るのでしょう。ひとつは、寄付＝献金です。企業からの献金は禁止されています。企業が献金する場合は、党本部にしか献金できませんので、あくまでも個人の資格での献金です。五万円までの献金については、管理団体は献金を受けた人の名前を公表しなくてもよい仕組みになっています。それは、個人情報の保護という観点もあります。誰がどの候補者、議員を支持しているかを明らかにしないという発想です。しかし五万円を超えると、献金した人の氏名を公表する必要があります。だからといって無制限に献金できる訳ではありません。最高限度額は一五〇万円までです。

この個人献金に加え、もうひとつの財源獲得の方法として、政治資金パーティを開くことができます。パーティ参加費を献金とみなすのです。パーティ参加者も、これだとパーティ券を買うだけだし、名前も公にならないので、参加しやすい傾向にあります。だからといって、それほど参加者が存在する訳でもありません。やはり支援企業などのコネを使って参加者を募るケースが多くみられます。資金集めのパーティですから、参加費も通常、一万円から二万円です。寄付という考えの乏しい日本では、この一万、二万も庶民にとっては高額です。

一九九四年という分水嶺

さて次のポイントは一九九四年以前と以後では、政治家の姿がまったく変わったということにあります。小選挙区制が導入された一九九四年以前の日本の選挙制度が中選挙区制であったことはすでに紹介しましたが、日本には一二九の選挙区があり、その選挙区から、例外もありますが、一般的に、三名から五名の当選者を出す仕組みであったことをまず確認しておきます。

この制度の下では、同じ選挙区から同じ政党の候補者が出ることになります。共倒れをすることもありますが、自民党はつねに二、三名の候補者を出し、当選させてきました。たとえば、三名の自民党候補者が、派閥A、派閥B、そして派閥Cから出ていると、派閥同士の闘いになります。というのも、派閥Aに所属する候補者が多く当選すると、自民党総裁選挙で派閥Aの領袖が有利となるからです。その意味で、派閥争いは、自民党の総裁争い、ひいては首相選びにつながっていました。ですから、派閥争いは常に熾烈をきわめましたし、派閥の領袖は自分の派閥の候補者に多くの選挙資金を渡してきました。そして一九五五年から九三年まで、首相を出すだけの議員、すなわち国会議員の過半数を持っている政党は自民党だけでした。

しかし小選挙区制が導入されて以来、この派閥争いは影をひそめてきました。小選挙区の候補者は、先ほど紹介したように、自民党の都連、府連、県連が多くの場合、公募で候補者を決めるようになったからです。党本部は地元事情に精通していないので、候補者選択は、自治体の党関係者の仕事となったのです。そして、公募するようになってから、候補者の質も変わってきました。

一言でいえば、小選挙区制の導入により、複数候補者同士の争いを繰り返してきた派閥中心の選挙が不要になったということです。というのも、小選挙区は一選挙区で一公認候補ですから、同じ党内に競争者はいなくなります。選挙区も一二九から、一九九四年当初の段階では三〇〇まで増えました。これは裏返せば、選挙区のスケールが三分の一に縮小したことになり、県議会議員の選挙区よりも、小さくなるケースも出てきました。

実は派閥が幅を利かせた頃は、候補者は派閥のなかで政治家になるための教育を受けていたと言えます。しかし小選挙区制は、多くの場合、公募で候補者を募りますので、大学を出て、松下政経塾などを経験して、公募に応募するような人物も多くなってきました。企業に勤めたこともなく、社会経験も浅いが、知識においては能力の高い人が候補者になる可能性が高まったのです。候補者は、優秀な頭脳をもっているようですが、逆に政治家としての経験、具体的には市会議員、県会議員などの経験が足りません。そのまま直接、国会議員になるということは、政治家の素人化が進むということになります。

派閥支配から党中央による支配へ

中選挙区制の時代は、市町村議会、都議会、府議会、県議会などの議員経験者を、国会議員の候補者に当ててきたケースが多かったと言えます。その意味で、市町村議会、都議会、府議会、県議会議員経験は、国会議員になるためのキャリア・パスでした。しかし小選挙区制になって、このキャリア・パスを通過して国会議員になる人は、かなり少なくなりました。と同時に、派閥の領袖を頂点としたヤマが、例えば、自民党内に田中派、中曽根派、福田派など、四つも五つもあったのですが、弱体化していくことになります。政党としての権力が自民党総裁ひとりに集中することになります。なぜなら、都連、府連、県連から推薦された候補者とはいえ、公認にするかどうかは最終的には自民党本部が決めるからです。候補を外されれば、支部長にもなれません。支部長指名を受けなければ、政治家への登竜門が閉ざされます。その意味で、党はこれまでの派閥支配ではなく、党中央による支配へと変容してきていきました。ここで、政治家になるための違いを図式であらわしておくことにしましょう(図表2-2)。

図表2-2　候補者になる資質

中選挙区制(1994年前)	県会議員などの「キャリア・パス」(政治家経験あり)
小選挙区制(1994年後)	党本部による候補者として「公認」(政治家経験なし)

公明党や共産党のように内部で選考して、組織的に候補者を決める政党は例外ですが、政権を取ろうと目指している自民党、立憲民主党、国民民主党などは、まさにこの党の公認が、基本中の基本なのです。その意味で、一九九四年以降、政党が派閥による支配ではなく、党中央による支配の時代に変わっていったと整理できると思います。

政党のプロフィール

一九五五年から九三年のほぼ第一期に相当する時期において、プレイヤーとしての主たる政党は、自民党、社会党、共産党と固定化され、政党間の綱領や政策の違いが明確でとても分かりやすい状況であったと言えます。ただいくつかの少数政党がプレイヤーとして登場してきたのも事実です。例えば、一九七六年から八六年まで、自民党を離党した河野洋平を中心に結成された新自由クラブがあります。自民党とのイデオロギーや主たる政策の違いはあいまいです。自民党が一九八六年に、結党以来、初めての過半数割れを起こしたときは、この新自由クラブと連立を組みましたので、その存在は連立政権の最初の実験としては意味があったと思います。

また社会党も党の方針を巡って対立が起こり、一九六〇年に民主社会党(一九六九年に民社党と改名)ができました(一九九四年に新進党に合流して解党)。これは体制変革を問う「革新」的な左派に引きずられがちだった社会党のなかでも、体制内の変革、つまり労働組合主義的な流れを汲む右派が分離して作りました。一九六四年には、その支持母体は宗教団体ですが、一種の都市型政党として生まれた公明党が続きます。社会党は社会主義諸国の体制転換と歩調を合わせるかのように社会民主主義へと傾斜し、一九九六年には名前も社会民主党に変更します。

結局、第一期以降、現在まで生き延びている政党は、自民党、公明党、共産党の三つだけとなりました。確かに社民党は少数政党として続いていますが、かつての社会党の名残はありません。

このように、共産党を除く最大野党が解体していく一方なのに対して、自民党の力は増すばかりでした。共産党は政党のなかでは最も歴史が古く、戦前から存在していましたが、政権を脅かすまでの議席を獲得した経験はありません。公明党に至ってははなから政権をとる意図がなく、終始三〇～四〇名程度の議員規模で存続しています。その意味で、自民党は時折、脱党者を出すものの、ほぼ分裂せず堅固な与党として政権を担い続けてきたと言えます。

新党の顔ぶれもすこし見ておきましょう。まず一九七六年の新自由クラブです。新自由クラブ誕生の衝撃は、分裂などありえないと思われていた自民党が離党者を出したことにありました。予想できなかった自民党の分裂に政界も動揺しました。新党結成の理由は、対中国政策及び田中角栄のロッキード問題をめぐる対応についての対立が表面化したためとされています。連立などで脚光を浴びた時期もありましたが、一九八六年には再び自民党と合流し、新自由クラブは消滅しました。

付言すれば、河野洋平はそもそも自民党の実力者であったのですが、離党したことにより、復帰後もあまり党内で厚遇されることはありませんでした。

次の潮目は一九九三年です。すでに述べましたが、新党ブームが起こり、自民党が政権を失うきっかけをつくりました。興味深い点は、ここでも新党の多くの党員が自民党員で構成されていたことでしょう。この点は後ほど振り返ります。ただ多くの離党者を出したことで自民党の勢力が低下します。多くの離党者が出た理由は様々でしょうが、重要なのは自民党党内の求心力が下がったということでしょう。やはりここでは一九九〇年代に入り、日本経済がバブル崩壊を経験し、いままでの経済発展路線にのった政策枠組が通用しなくなったこと、さらに日本をどのように再建すべきかというシナリオが多数、想定され、それをめぐって議論が分かれたということだと思います。

自民党の強靭さ――選挙と資金

ではそろそろ自民党がなぜ圧倒的な力を持続することができたのか、という最大の問題に踏み込みましょう。それは自民党が選挙に強かったということにつきるように思います。

かつて中選挙区制の時代、選挙に勝つには三つのバンが必要だと言われました。一つは地盤（ジ「バン」）です。自分が立候補する選挙区＝ジバンを持っていること。二つめは看板（カン「バン」）で、選挙区を代表するような顔を持つ必要があるということ。そして最後に鞄（カ「バン」）です。鞄とは鞄の中に選挙資金を入れるという意味で、潤沢な選挙費用を持っているということを意味します。

自民党の強さはこの三つのバン、とりわけ、鞄＝お金に関して、財界からの資金提供もあり、豊富な財源があったことに由来します。実際、議員になると、大変な費用が掛かります。議員の給与、これを歳費と呼びますが。おおよそ年間二四〇〇万円が支給されます。これもおおよその数字ですが、議員には約一〇名の秘書が必要だと言われています。なぜ、そんなに秘書が必要かといえば、各議員の選挙区を取りまとめる秘書が必要だからです。同時に、当選すると東京に住まなければなりませんので、そのための秘書も不可欠です。

「金帰火来」とは議員の典型的な行動パターンです（林芳正・津村啓介『国会議員の仕事』）。国会開催中は、平日は国会に出席するために、東京に居なければなりません。しかし東京ばかりで時間を過ごしていると、地元有権者との接触がなくなり、次回選挙では落選する危険性があります。そこで週末は地元に帰るのです。金曜日、国会が終わると地元に帰宅するので、「金」曜日「帰」宅で「金帰」と呼びますが、再び東京に戻ります。月曜日に東京に戻るのは困難なので、火曜日に戻る人が多いのです。「火」曜日に東京に「来」るという意味で、「火来」と呼びます。東京での仕事をするための秘書も必要になってきます。地元で五名と東京で五名といったところでしょうか。

秘書の人件費だけでも大変です。年間三〇〇万円の給与を秘書に払ったとして、一〇名では三〇〇〇万円です。歳費は二四〇〇万円ですから、到底、歳費だけではまかなえません。あまりに秘書の費用が掛かりすぎるので、現在は三名まで国が秘書の給与を支給してくれるようになりました。三名の秘書のひとりは、政策秘書と呼ばれ、一定の秘書資格を要件とします。

しかし秘書経費だけではありません。講演会、政策報告パンフレットの作成などの費用を合わせると、議員が必要とする資金は、年間一億とも二億ともいわれます。政治資金規正法改正後は、議員に直接、資金提供されることはなくなりましたが、その分、政党に入る資金を議員支援に充てるわけです。いずれにせよ、この資金の強みが、何と言っても自民党にはありました。

ここで再度、企業献金について触れておきます。企業は政治家個人の政治資金管理団体に寄付することはできませんが、政党本部には寄付をすることとできます。ここに企業と自民党のパイプが構築される経緯が見えます。

かつての社会党は労働組合への依存体質が強かったため、組合活動を通じて、社会党議員の支援を行ってきました。しかし労働組合員の加入率が低下し、資金援助は難しくなる一方でした。これは社会党の凋落に大きく影響しています。これに比べて政党資金を多く持っているのが、共産党です。共産党機関紙「赤旗」などの売り上げもありますし独自の事業収入を得ているからです。共産党の基本はどの選挙区にも、たとえ敗北すると分かっていても必ず候補者を立てることです。それは、その地区に共産党支持者がどれだけいるかを知る絶好の機会であったからです。これを「赤旗」購入と結びつけることもできました。

もっとも近年、この傾向も変化してきました。国会議員に立候補するためには、選挙管理委員会に三〇〇万円の供託金を支払わなくてはならなくなったからです。無料だと、候補者が乱立します。選挙区と比例区の二つの選挙区に同時に候補者となるには、倍の六〇〇万円が必要です。ただ落選しても法定得票率を上回っていれば、供託金は返金されます。下回ると戻りません。共産党も、法定得票率を下回ることが多くあり、資金難に陥るようになりました。現在では野党共闘を模索し、共産党が候補者を立てない選挙区では、他の野党を応援する方法に変化していますが、これは資金をめぐる事情も影響を与えています。

公明党は、政教分離の立場から明確に創価学会の資金援助を受けているわけではありませんが、その支持基盤が創価学会であることに変わりはありません。約六〇〇万人の創価学会員がいますが、この強みが公明党の存在を保障します。しかし、政権奪取を目的としていないため、多くの選挙区に立候補者を立てないので共産党のような資金にかかわる悩みは抱えてはいません。

組織政党としての自民党

自民党の強さを別の角度から分析してみます。政党組織論の観点から見ましょう。政党には組織政党と議員政党の二つのタイプがあります。この分類はもともとフランスの政治学者モーリス・デュヴェルジェが考えたもので、選挙権が制限されていた時代に地域の有力者や名望家が個人として集まった政党に対して、普通選挙の導入により、大衆と結びつくかたちで組織化された政党が主流となる違いを説明した概念でした。しかし、本書ではデュヴェルジェとは異なる、独自の分析枠組として使います。そしてこれを使うことで自民党の特質が浮き彫りとなります。

まずここで言う組織政党と議員政党の分類は、政党のイデオロギーや性格には基づいていません。

あくまでも組織論からのみ分析したものです。実際、政党の強さ、弱さを見るにも様々な基準が必要です。とくに注目したいのが、政党の組織力です。一概に政党といっても、政党を立ち上げ、運営し、候補者を擁立し、多くの党員が存在し、さらに政党を維持するための事務局が常設されており、政党を運営するための職員が十分に補充され、さらにそれらを支えるだけの十分な政党の資金が必要です。そこでこれらの条件を理念型として組織政党と呼びましょう。その特徴を箇条書きしてみますと次のように整理できます（二〇〇〇年の選挙法改正時）。

①　多くの党員が存在すること。
②　小選挙区制三〇〇に候補者を立てるだけの人材を保持していること。
③　衆議院でいえば、総数四八〇議席の過半数を取る力を備えていること。
④　常設の事務局があり、事務局職員が配置されていること。
⑤　政党を運営し、選挙に勝つための政治資金を十分に備えていること。

これだけの条件を備えて初めて政権を取ることができるとみなせます。一九五五年に自由民主党ができあがったとき、当時の自民党がこのような組織政党としての条件を備えていたかどうかは疑問です。当時の新聞や雑誌の記事を読みますと、政策の方向がまったく異なる呉越同舟的な政党であり、唯一の目的は社会党に政権を取らせてはならないということでした。しかしそれ以後、一九五八年、六〇年の二度の選挙を勝ち抜くことで、自民党は基礎固めができるようになりました。自民党が組織政党にとして成立したのは、一九六〇年に池田内閣ができてからだと思います。

もちろん当時の社会党、共産党も組織政党でした。ただ上記の要件をすべて満たすことはできませんでした。とくにこの二つの政党が政権を取れなかった最大の理由は③にあります。当時、衆議院の議席は五一一で選挙区は一三〇。中選挙区制ですから、例えば福岡県でいえば、四つの中選挙区に分かれていました。福岡市を中心とした北部福岡、久留米市を中心とした南部福岡、筑豊炭田を中心とした中部福岡、かつて日本の四大工業地帯のひとつを形成した東部福岡の四つです。

定数は、人口比で割り当てられますので、一区(北部)は六名、二区(南部)と三区(中部)は五名、四区(東部)は四名となります。一選挙区から複数の当選者が出るのですが、同一政党から同一選挙区に複数候補者を出すと共倒れの危険性がありますので、社会党は極力、複数候補者を擁立しないようにしました。もちろん、共産党も同じです。全国に一三〇ある選挙区で単数候補者しか出さないとすれば、全員当選しても一三〇名です。これでは最初から衆議院の多数を取ることを放棄していると言わざるを得ません。

当時の五一一(一九七五〜八二年)、ないし五一二(一九八二〜九四年)の衆議院議席を支配するには、一選挙区あたり最低二・五名の候補者を擁立する必要がありました。これを実行できたのは、自民党だけだったのです。やや短絡的に聞こえるかもしれませんが、候補者の数を見ただけで、社会党も共産党も与党になる可能性ははなからゼロだったと言えます。

選挙に勝つには候補者段階で過半数の候補者を立候補させなければなりませんから、自民党はつねに三〇〇前後の候補者を擁立していました。単純に考えて、一選挙区で最低二名の当選者を出せば、一三〇×二＝二六〇の議席獲得できます。過半数まではあと一息です。

自民党の強みはこれだけの候補者を擁立するための資金があったということにつきます。先ほど、組織政党として与党になるには③が不可欠と言いましたが、そのためには⑤潤沢な選挙資金も必要だったのです。支持母体である経団連と日経連（ただし、現在では両団体は統合）、日本商工会議所、経済同友会などは、潤沢な政治資金を自民党に寄付していました。社会党に政権がわたって、日本が社会主義国との外交関係を深めることに財界は恐れており、嫌ったのです。確かに社会党にも共産党にもこれを支持する労働組合組織がありましたが、国民政党への道は遠く、労働組合政党の色彩が強いため、市民的広がりを持たなかったのです。組織政党の条件で与党になる条件を備えていたのは、まぎれもなく自民党だけだったと言えます。

議員政党の限界

このように堅固に組織化された政党に対して、さほど組織化されていない政党もあります。それをわたしは議員政党と呼びます。議員政党の定義は、以下のような状況に由来します。すなわち、選挙とは通常、選挙以前に政党が存在し、政党が候補者を選択し、その候補者が政党の政策を掲げて選挙戦を戦うというものです。他方で、一度、選挙が行われると次の選挙の前提にすでに選ばれている議員の動向が影響します。要するに、議員政党とは、選挙に通ったあとの当選議員が集まって新しい政党をつくるケースを意味します。類似の例として、選挙直前に、所属している政党を離党し、新党を結成する場合も、議員政党と呼ぶことができます。

議員政党は、まさに前述した一九九三年の新党ブームのなかに多くのケースが見出せます。新生党は元自民党員の小沢が代表でしたし、日本新党こそ新党ブームを巻き起こした渦中の政党ですが、元自民党員の細川が代表でした。新党さきがけも元自民党員であった武村が代表であったことは前の章で見た通りです。これら議員政党の連立が、実は自民党を倒したわけです。選挙による政権交代ではなかったと前に強調したことを思い出してください。

ここで注目しておくべき点が二つあります。第一点は当たり前のようにみえますが、新党はほとんどの場合、当選した議員が当選後にこれを形成しているということです。本来なら、政党をつくり、その政党の政策をかかげ選挙に臨み、勝利することで国民の付託を受け、議席を占めるというのが常道ですが、これは違います。例えば、政党Aの党員として選挙に出馬したにもかかわらず、当選後に当選議員が集まって新しい会派をつくり、その結果として新しい政党Bを立ち上げるわけです。選挙当日は、有権者は候補者を選ぶにあたりX候補者は政党Aの候補者だと思って投票するのですが、選挙後にX候補者が議員となったあとで、政党Bに鞍替えするのです。その意味では、政党Bは選挙の洗礼を受けていないという重要な問題点を持ちます。

第二の点は、あくまでも政党Aで当選してから政党Aを離党して、政党Bをつくるわけですから、これは当然、少数政党になります。その意味で、政権を取るために必要な過半数の議員政党が誕生することはまずありません。

要するに、議員政党は既存の政党を離党するかたちで形成されるのですから、先に挙げた政権を担いうるための組織政党に当てはまる条件の多くを持ち合わせてはいません。議員政党にはとりわけ、条件の②、③を欠如させている場合が多いようです。その意味では、いかに議員政党が脆弱であるかが理解できます。まさににわかづくりの政党であるという印象は否めないのです。

新党ブーム以来、多くの新党が誕生しました。新生党、新進党、みんなの党、国民新党、日本維新の会、新党改革、新党大地、結いの党、などですが、これらの政党は組織政党が有する多くの条件を欠落させていました。ほとんどが議員政党に類するものといってもいいでしょう。

組織政党＝自民党は五条件すべてを備えています。それゆえ、つねに政権の座にありました。第二期に自民党に対抗する新しい野党は、なかなか議員政党としての性質を脱することができず、自民党に対抗する力が足りません。ここに組織論から見た、自民党の圧倒的強さを読み解くことができるのです。

民主党の変貌

ただ例外的な政党が一つだけありました。それが二〇〇九年に政権を取った民主党です。民主党の歴史を振り返りますと、一九九六年に鳩山、菅を共同代表として誕生したとき、これはあくまで議員政党として出発しました。しかし、その後、民主党は成長します。この成長には三段階あります。

第一段階　一九九六年、結党

第二段階　一九九七年、民主党体制の確立

第三段階　二〇〇三年、小沢・自由党との合併

この三段階は前章でもみたものですが、ここでは組織としての成長の観点から分析します。小沢一郎は選挙に強い政治家で、菅はこれほど選挙に強い政治家を敵に回して選挙に勝つことはできないとして、小沢・自由党との合併を画策します。民主党が自民党ほどではないけれども、組織政党のかたちをとることができたのは、小沢の力なくしてあり得ませんでした。その結果、民主党は以下のような強みを発揮してきます。

二〇〇三年　総選挙　一七七議席　戦後最大の野党勢力となる

二〇〇五年　総選挙　小泉首相の郵政選挙で大敗を経験する（一時的敗北）

二〇〇七年　参議院選挙　参議院第一党に躍進する

二〇〇九年　総選挙　三〇八議席を得て、政権を奪取する

このように、徐々に力をつけ、民主党は議員政党から組織政党へと変身するばかりではなく、組織政党で政権を取るだけの上記五つの条件をすべて満たすようになったのです。

海外の状況、具体的にはイギリスを見れば、保守党と労働党の二大政党の争いが続いています。保守党も労働党も組織政党としての条件を備え、時期に応じて政権交代をしているからです。日本では、選挙による政権交代が二〇〇九年に起こったことで、二大政党制の定着が期待されました。

ただそう希望するのは時期尚早であったことがすぐにわかりました。民主党が政権を取ったのは、確かに組織政党としての体裁を整え、各選挙区に多くの候補者を擁立できたのが原因ですが、有権者が民主党に投票したのは、自民党の失政による自民党に代わる受け皿として期待されたからでした。おそらくもう一度、続けて総選挙に民主党が勝利できていれば、組織政党としての民主党も定着しえたかもしれません。

しかし、民主党はその定着に失敗しました。まず鳩山首相が沖縄米軍基地を国外や県外へ移設可能と主張したことにあり、同盟国米国や自民党はもとより、霞が関の反発を受け、躓きます。鳩山政権一年の後、菅政権が続きますが、「3・11」にうまく向き合うことができず、多くの批判を一身に浴び、退陣を余儀なくされます。次の野田政権は外交や国会運営に安定感があり、一瞬、政権維持に期待がかかったのですが、消費税をめぐる民主党内の足並みの乱れで支持を失っていきました。

これらの事件を通して、民主党は統治能力を失っていきます。端的にいえば、有権者が期待したほどには、民主党には統治能力がなかったのです。しかし、次に述べるように、民主党にはより根源的な問題が存在したのです。かくて日本で初めて生まれかけた、組織政党同士が相まみえる二大政党制は夢の彼方に消えました。

一強多弱体制への転換

二〇一二年の衆議院選挙の結果は、自民党が二九四議席で第一党になりました。衝撃は第二党の民主党が五四議席しか獲得できなかったことです。衆議院第一党と第二党の議席の差が五倍にも及ぶ結果となりました。これ以後、現在までこの状況が続いており、これを一強多弱体制と呼べるでしょう。自民党という一党だけが強く、野党の数は多いのですが、すべて弱いのです。このような選挙結果が生まれ、そしてこれが持続することは、一九五五年以来、ありえなかった現象です。

では、民主党はなぜこれほどまでにあっという間に低落したのでしょうか。もちろん政権運営の問題もありますが、組織論から見ると、別の理由もみつかります。それは民主党の体質自体に隠されており、ここに日本ではなぜ一九五五年以来、いわゆる組織政党同士が相まみえる政党政治が存在しなかったかが理解できます。

その原因は大きくいって二つ挙げられます。第一に党が分裂したこと、第二にそもそも民主党が自民党の一種の分派であったという事実です。まず第一の点を見ます。民主党は、鳩山、菅、小沢、岡田、前原誠司、野田と党首を選んできましたが、とりわけ民主党を立ち上げた鳩山、菅、そして後に合流した小沢の三氏の関係が良好ではありませんでした。個人的な対立ではなく、党の方針に対する基本的な考え方が異なっていたからです。鳩山は、日米関係において日本をより自立させようとする積極的な方針を持っていましたが、実現できませんでした。小沢は官僚主導の日本の政治を政治主導に変えようとしましたが、うまくいきませんでした。菅は、やや独断専行的に政策を決定する性格があり、党の指導者としての資質が問われました。

政権獲得後、問題が顕在化し、最終的には小沢が民主党を離党し、同時に衆参両院議員五二名が彼に続いて離党します。小沢は、離党後に「国民の生活が第一」という議員政党を立ち上げます。

次いで、第二の点です。民主党議員の中には社会党経験者もたくさんいましたが、党の看板となる党首の顔ぶれを見てみると、菅と野田を除けば、元自民党員が多数だったことです。鳩山、小沢、岡田など、これらの政治家は、新党ブームの時に自民党を離れましたが、自民党経験者であることには、変わりはありません。菅にしても、自社さ（自民党、社会党、新党さきがけ）政権時代に与党を経験しています。

その意味では、民主党の指導者たちはみな一〇〇パーセント自民党から距離を置いて出てきた、自民党とまったく異なる文脈から登場した政治家ではなかったのです。その意味では、民主党は自民党の分派といっても過言ではありません。確かに、前原や野田といった自民党経験を持たない政治家もいますが、彼らが活躍する時間は短く反自民としての勢力結集を行える機会はあまりありませんでした。

単純化していえば、民主党は決して「反自民」ではなく、「脱自民」の党であったといえます。民主党は必ずしも自民党に対抗する政策を形成する政党として出発したわけではないのです。むしろ、自民党と距離を置きながらも、どこかで自民党の分身のような政党であったわけです。その意味では、いずれかの時点で再度、民主党、もしくは民主党議員の多数が自民党に吸収されてしまう危険性をはらんでいたともいえます。わたしには新自由クラブの末路が思い出されます。

従って、政党政治を実現するだけの堅固な組織政党の性格をもった野党が再登場するには、ここしばらく時間が必要です。それゆえ、しばらくは一強多弱時代が続く可能性が大きいのです。

小選挙区制の問題点

では議員政党としての野党が、組織政党に成長し、政権交代が可能になる条件を、三つの視点から考えてみたいと思います。ひとつは、小選挙区制の問題点です。ふたつ目は、政党助成金の問題です。そして、最後に、これは与党、野党という政党の組織論に先立つ「議員の資質」の問題です。

まず第一の問題、小選挙区制の是非を考えます。結論を先どりすれば、小選挙区制は政権交代を可能にもし、長期政権をも可能とする、両刃の剣だと言えます。二〇一二年に安倍政権が誕生して以来、二つの重要な事象が起きています。第一のそれは、自民党総裁の任期を三年二期までとしていた従来の方針が改定され、任期三年三期までに延ばされたことです。このままいけば、安倍政権は、二〇一二年以来、九年の任期を保証された日本では、例を見ない長期政権となる可能性があります。その安倍政権は、衆参両院で三分の二以上の議席を確保していますから、憲法改正への道も保証されているとさえ言えるでしょう。

第二のそれは野党の問題です。第一期、第二期を通して、議員政党が組織政党に成長したケースはこれまで民主党しかありませんでした。その民主党も所詮、脱自民政党でしかありませんでした。しかも組織政党に成長したにもかかわらず、二〇一二年に完全敗北すると、民主党は一夜にして組織政党から議員政党にもどってしまいました。組織政党の要件でもある、すべての選挙区に候補者を立てる力も失い、さらに弱体化したために政党助成金の金額まで少なくなったのです。人もカネも失ってしまったのです。

民主党が政権をとるために、議員政党（一九九六年）から政権政党としての組織政党（二〇〇九年）に成長するまで、一三年の年月を必要としたのです。二〇一四年には、その民主党も維新の党と統一して民進党となりましたから、この時点で、政権を取ったことのある政党は自民党だけになりました。野党のさらなる弱体化、これがふたつ目の事象です。

すでに整理したように、二〇〇九年の自民党の下野も、一二年の民主党の下野も、双方とも自らが相手に得点を与えるオウン・ゴールを重ねた結果と言えます。安倍政権は、第一次安倍内閣の失敗を教訓として、極力スキャンダルを起こさないようにしました。たしかに政権の根幹を揺るがす森友学園問題、とりわけ昭恵首相夫人の森友学園へのかかわり、さらに獣医学部設置に対して、首相に忖度をはたらかせたのではないかと疑われる加計学園問題という大きなスキャンダルがあります。しかし、弱体化した野党はこれらの問題を政権崩壊にまで持っていく力がないように思います。スキャンダルはあるにはあるのですが、それを安倍退陣にまで持っていけないというのが今の状況でしょう。弱体化した野党を応援する有権者も多くはないのです。有権者が求めているのは、スキャンダルではなく、安定政権なのです。

実はいま選挙制度をもとの中選挙区制にもどそうとする意見も出始めています。ただ中選挙区制の下で、政権交代の可能性をもった野党が一度でも存在したことがなかった過去を忘れてはいけません。そして小選挙区比例代表並立制だったからこそ、民主党が政権を執ることができたことも覚えておく必要があります。イギリスもアメリカも小選挙区制ですが、一強多弱体制ではありません。小選挙区制という制度の責任に帰することはできないということです。現在の状況を選挙制度を理由にするのは間違いだと言えます。

政治資金と候補者の資質をめぐる問題点

第二の政治資金の配分問題に入ります。中選挙区制に戻した場合、政党支部を各都道府県単位に置き換えることは可能でしょうし、実際、いまでも候補者の人選、推薦などの主に選挙にまつわる行為は、地方の本部が行っています。これは国会議員が独占している組織ではないので、実は長い市町村議会や都道府県議会の議員経験がある人も少なくありません。党の公認を与えるのに、当選回数などキャリアを重視するシステムを取り入れたらいいのではないかと思います。

ここで冒頭に述べた支部長の問題が出てきます。政党助成金は都道府県単位に配布されますが、小選挙区制のもとでは、支部長は個人ですので、例えば、県連はその個人に平等に政党助成金を配分すればいいわけですが、もし中選挙区制になった場合、支部長ひとりの下に、複数の候補者がぶら下がる形になってしまいます。これはなかなか複雑な事態を生みそうです。かつての中選挙区制のように同じ党のなかでパイの奪い合いが起こるでしょうから、派閥政治が復活する可能性が生まれます。安定した選挙体制を組むということでいえば、小選挙区制のメリットは確かにあるのです。

最後の問題点は議員の資質をどうするかです。これは小選挙区制が持つ制度的な弱点でもあり、同時に与党、野党を超えて、すべての政党に対していえることです。中選挙区制では同じ党内での競い合いが起こるため、候補者が鍛えられ、淘汰されるというメリットがありました。小選挙区制ではそうはいきません。ではどうしたらいいのでしょうか。やはり、自治体議員というキャリアを経た候補者をリクルートする仕組みを考えること、例えば、小選挙区制の下、議員経験のない政治家を養成してきた松下政経塾なども含めて、大卒をすぐに採用するのではなく、最低五年、会社員や公務員、あるいは教員などの社会経験を持った人を政治家として育て上げる仕組みが必要だと思っています。

ことここにきて、組織政党、議員政党に共通した議員のリクルートという大きな課題に直面し始めています。これは選挙区制の問題で解決を図るのではなく、国民の代表者をいかに育てているかという政治力の涵養という観点から考えることが大事でしょう。

第三章　政　策――ナロウ・パスとワイド・パス

政策決定の複雑さ

自民党がなぜ強いのか、そして長期政権を維持できるのか、その理由を第一章で歴史的過程を中心に、第二章で政党組織の構造を中心に、検証してきました。次に必要な作業は、自民党の政策です。自民党の政策が幅広く有権者に支持された結果、強い自民党が持続していると言えるのです。ただ、つねに二五〇名から三〇〇名前後の衆議院議員、それに一〇〇から一二〇名前後の参議院議員を加えると、四〇〇名から四五〇名の大所帯を抱えているのが自民党です。これだけの大きな人数を抱えた組織が一枚岩のままで存在することは困難なことです。そこで自民党が内部における政策的な対立を有しながらも、これを乗り越えてきたその強さを検証していくことにしましょう。

最初に、政策について議論する際の問題点について整理しておきます。『政策形成の過程』という名著を書いたアメリカの研究者チャールズ・リンドブロムは、政策決定過程に内在する困難さについて事例を用いて説明しています。やや専門的な言葉になりますが、彼はこれを「漸進主義」と呼んでいます。具体的に言えば、これは第一に政策が決定されるまでに時間がかかること、第二に政策決定のためにさまざまな組織が関与することです。

まず時間がかかる点について説明します。例えば、二〇一七年一〇月の総選挙で、原発を二〇三〇年までに廃止すると公約した政党がありました。しかし、その政党が政権を担ったとしても、次の総選挙で原発推進派の政党がもし政権を取ったならば、その公約は実現できないでしょう。他方で原発推進を公約に掲げた政党といえども、廃炉が迫っている原発について、そのロード・マップを政策に掲げなければなりません。しかし、ここでも、そのロード・マップが完了するまで、その政党が政権を担っている保証はないのです。言い換えれば、原発をどうするかといった時間がかかる重要な課題については、賛成と反対の意見を織り交ぜながら、紆余曲折を経てしか、実現できないのです。ものごとの実現は少しずつ進むという観点をいれて、これを漸進主義と整理しておきます。安保についても同様でしょう。例えば、反対を公約に掲げても、ここでも同様に、賛成、反対の意見を織り交ぜながら、アメリカが日本から撤退するロード・マップをつくらねばなりません。選挙の時は目標だけを掲げますから、具体的なロード・マップまで示すことはほとんどありません。ですから、ロード・マップまで書くべきだという声もあり、政党はマニフェストをつくるべきとする主張も強くあります。一時期、マニフェストはブームになりましたが、他方でなかなか作成するのも困難です。ここに数値目標なども記述することを求められますと、専門知識を持った人が、かなりの時間をかけて作成する必要があります。そのためか、最近ではあまりマニフェストの必要性を強く言わなくなりました。むしろ、従来型の公約をアピールするスタイルが主流となっています。

第二に、政策決定には多様な組織が関与するという問題を説明します。リンドブロムは『政策決定の過程』で、どのような政策を実行するにあたっても、利益に関わる役所、企業、団体が関与するので、誰がどこで決めているかはなかなか分からないと述べています。これが政策実現のネックになっているとみなします。

理解しやすい例を挙げてみます。あなたが海外旅行の際に経験することです。旅行に行くのに不可欠なパスポートですが、この大きさを決めるのは、政府ではなく、国際的な民間組織です。世界共通の大きさにしています。これによって、どの国の空港の出入国でもコンピューターによってパスポートを検査しやすくなります。そのためには、世界のどこでも、同じようなマニュアルに基づいたシステム構築が必要です。

さて、海外から日本に飛行機が到着したとします。乗客はまずパスポートを提示して入国手続きをして許可をもらいます。担当は法務省です。次に税関検査があります。これは旅行者が課税品目を持参していないか、輸入禁止項目を所持していないかチェックするものです。担当は税関ですが、この主管は財務省です。旅行中に病気を発症していないかどうかも検査します。イエローカードの提示が要求される場合もあります。いわゆる検疫ですが、感染症などをチェックする健康管理の問題ですから厚生労働省の管轄です。さらに海外で買った植物があったとします。これも検疫ですが、国内持ち込みをチェックするのは農林水産省となります。治安管理については(空港)警察が担います。管制塔で飛行機の離発着を管理するのは国土交通省です。

要するに、海外旅行をして日本に戻ってくる手続きを一見するだけでも、そのコントロールに多くの役所がかかわっていることがわかります。ひとつのケースに様々なアクターが関与しているというのが実態で、これが政策を見えなくする原因の一つと言えます。

ハイ・ポリティクスとロウ・ポリティクス

さて、政党の政策に戻りましょう。政党は、マニフェストがあってもなくても、その掲げた政策を実現することを国民に約束するかたちで選挙に臨み、当選者を出します。政党の政策を分析するためにはいくつかのツールが必要です。わたしはここで、大きなツールと小さなツールを用意しました。大きなツールは、「ハイ・ポリティクス」と「ロウ・ポリティクス」に分類するということです。

まずハイ・ポリティクスを説明します。政府はしばしば、外交や国防、あるいは安全保障や、「国のかたち」を考える憲法問題を論議しようとします。これらがハイ・ポリティクスと呼ばれるものです。沖縄の米軍基地をどうするか、といった政策の争点がこれにあたります。次にロウ・ポリティクスですが、こちらは少子化・高齢化、年金、自治体運営など市民に身近な問題を意味します。高速道路や新幹線の建設をどうするかといった問題もこれに入ります。日常生活に密着した問題、つまり保育園、介護施設、雇用など、これらがしばしば選挙の主な争点になることも多くあります。

より分かりやすく表現するため、わたしは本書ではハイ・ポリティクスを体制選択政治、ロウ・ポリティクスを生活選択政治と呼ぶことにします。

ひとつだけ読者のみなさんに注意を喚起しておきたいことがあります。「ハイ」と「ロウ」という言葉のニュアンスです。「ハイ」＝「高い」、「ロウ」＝「低い」という意味ですから、「ハイ・ポリティクス」の方が「ロウ・ポリティクス」より重要だと考えてしまいそうですが、ハイとロウの間に重要度の差異はありません。どちらも市民生活にとって、等しく重要な政策だとおさえておいてください。

さてこのように体制選択政治にしても、生活選択政治にしても、それを政策として実現するためには方策＝路《みち》が必要です。この路のことをここで「パス」と呼ぶことにします。そして体制選択政治におけるパス（体制選択パス）も、生活選択政治のパス（生活選択パス）も、それぞれ独自の特徴があります。

体制選択パスは、賛成か反対かといった二者択一的な性格を持っています。具体的にいえば、原発は賛成か反対か、日米安保は賛成か反対か、憲法改正は賛成か反対かといった二項対立的な性格をもった選択になります。したがって政党も、原発、安保、憲法などのハイ・ポリティクスな争点については、明確に賛否を表した公約を提示します。

他方で生活選択パスは、どの政党もこぞって同じような政策を提示する傾向を持ちます。保育園の待機児童ゼロを目指す、高校の授業料を無償化するなど、似たような政策を公約することが多くなります。一見、ハイ・ポリティクスに見えそうな消費税など増税に関わる問題も、実はロウ・ポリティクスに属しており、賛否というよりは、これをいつどのようなかたちでやるのかという議論の差となって現れることが多く、二項対立的な議論にはなりません。消費税は重要な争点なので本書でもこれから何度も登場します。

パスの実例――体制選択と生活選択

これは一般に言われることですが、体制選択パスは、争点としては目立ちやすく、それゆえ一部の有権者の間では高い関心を引き起こしますが、通常の有権者のなかでは関心が高まらず、なかなか票に結びつかない傾向を持ちます。他方で生活選択パスは、有権者の日常生活にかかわるので、票に結びつきやすいと言われています。確かに「消費税を上げない」などといった公約は多くの市民に受けますね(財政赤字をどうするかといった議論は残るのですが)。

具体的な例をあげておきましょう。日本政治において、史上最大の体制選択パスは、一九六〇年の安保条約改定だと言えます。前の章で触れましたが、安保反対のために、三〇万人のデモ隊が国会を取り囲む事態が起こりました。今も安倍首相の退陣を求めてデモが国会前で起こっていますが、せいぜい数万ですから、この数字のインパクトがわかります。

ご存知のように、この安保条約が国会で議論がつくせないまま、自然承認となった直後、岸内閣は、七月一五日に総辞職をします。岸内閣を引き継ぎ、すぐに池田内閣が成立しますが、安保直後の総選挙は一一月二〇日に行われました。安保条約成立から四ヶ月後、まだ興奮さめやらないときです。当然あの激しい闘争を考えると、岸内閣を引き継いだ池田内閣が選挙で大敗しても不思議ではないはずです。

しかしこの総選挙で自民党は二八九議席を獲得しました。これに対して、反安保で空前の大衆動員を呼びかけた社会党は一四五議席しか獲得していないのです。さらにこのとき社会党から分離し、新しく誕生した民社党も一七議席、共産党に至ってはわずか三議席しか獲得していません。選挙結果は、安保以前とほぼ同じだったのです。

時代を越えて同様な現象は現在でも起こっています。（戦争への道を開くといって批判され続けてきた）集団的自衛権を認める安保法制（二〇一六年施行）を強行成立させ、（戦前の治安維持法を想起させると糾弾された）いわゆる共謀罪（二〇一七年成立）を導入した安倍内閣が、直近の二〇一七年一〇月二二日の総選挙で大勝したことを思い出してください。自民党は、二八四議席を獲得し、逆に野党であった民進党は、希望の党、立憲民主党、無所属の三つに分裂し、立憲民主党で五五議席、希望の党で五〇議席しか獲得できませんでした。共産党も同様で一二議席で、議席を伸ばしてはいないのです。

第五章で詳細に論じますが、とくに集団的自衛権の行使を政府が強引に認めさせたことは、憲法九条から逸脱するものとして、世論の強い反発を招きました。しかし、選挙の結果は自公政権が、歴史的とまではいかなくても、それに近い勝利を勝ち得ているのです。逆に野党は分裂し、議席を減らしているのです。これは、六〇年安保直後の選挙と同じ構図です。

しかし、生活選択パスは、選挙結果にかなり影響を及ぼします。典型的な事例が、先にもすこし触れた消費税です。日本で最初に消費税が導入されたのは、竹下登内閣の下、一九八九年四月一日です。そこで、消費税導入前後の総選挙の結果を見ますと（ただし、選挙後の自民党の追加公認は加味していない）、

導入以前　一九八六年　自民党　三〇九議席　社会党　八五議席　公明党　五六議席
導入以後　一九九〇年　自民党　二七五議席　社会党　一三六議席　公明党　五六議席

と、自民党は三〇以上の議席を減らしていますが、他方、社会党は五一議席増やしています。ただ、少し注釈が必要なのですが、その前の一九八六年の選挙は、衆参同日選挙です。同日選挙をすれば、自民が圧勝すると言われていますが、その同日選の結果の衆議院議員議席であることを断っておきたいと思います。他方、一九九〇年の選挙は、バブル崩壊直前の選挙で、消費税導入が景気を冷え込ませたとも言われています。やや単純化していえば、消費税導入には、有権者はある程度、敏感に反応しているのです。

では、消費税が五パーセントになった時は、どうだったでしょうか。一九九六年に村山政権で決定され、一九九七年に橋本龍太郎政権下で、消費税五パーセントが実施されています。その直近の

参議院選挙で自民党は敗北し、橋本首相は、その責任をとって辞任しているのです。この間、平成不況に入っているので、消費税五パーセントへの反発は、消費税だけではなく自民党政権の経済運営に対する不満も加わっています。さらに二〇一四年に消費税が八パーセントになりますが、野田民主党内閣による消費税増税決定後の二〇一二年の選挙で、自民党二九八議席、民主党五七議席、日本維新の会五四議席と、自民党が圧勝しました。この選挙では、消費税問題よりも、統治能力を欠如させた民主党に対する期待が持てないとして、自民圧勝、民主崩壊の結果となりました。さらに直近の後の選挙は、二〇一七年で自民党は二九一議席と圧勝しています。これは、平成不況からの脱出が垣間見られる時代になるとともに、消費者も消費税に慣れてきたからだといえます。

総じて言えば、景気が不況の時に導入される消費税は、自民党政権に批判票があつまっていますが、不況を脱出できる見通しのもとでは、あまり影響していないといえます。加えて、自民党の受け皿としての政党が、見えなくなってきたとも言えます。しかし、体制選択パスと比べると、大なり小なり生活選択パスでは、政策と得票は一定の連関を示したと言えます。

もう一つのパス——ワイドとナロウ

体制選択パスは、あまり財政とは関係ありません。財政いかんにかかわらず、それぞれの政党は、理念として、いいかえればイデオロギーとして、原発維持か脱原発かといった方向性を堅持していています。実は政党の存在意義は、このイデオロギーの差異によって基礎づけられているといっても過

図表 3-1　パスの種類

「ハイ・ポリティクス（体制選択パス）」⇒（財政状況とあまり関係しない）	
「ロウ・パリティクス（生活選択パス）」⇒	ワイド・パス（財政が豊かな時）
	ナロウ・パス（財政が貧しい時）

図表 3-2　ナロウ・パスとワイド・パス

パスの種類	状況	選択の幅	可能な政策
ナロウ・パス	財政逼迫	狭い	年金，福祉など限定分野
ワイド・パス	財政潤沢	広い	公共事業，福祉など全分野

言ではありません。そこで、二つのポリティクスにもう一つ「ワイド・パス」「ナロウ・パス」という、ちょっと小さなツールの概念を付け加えて、この構造をより明確に図式化してみましょう（図表3-1）。「ワイド」「ナロウ」とそれぞれの政策の幅を意味します。前者は賛否が分かれたり、違いがはっきり出る矛盾するような政策でも同時に実施できるような広い幅があること、後者は逆に選択肢がせまくなっている状況と理解しておいてください。

この体制選択パスと生活選択パスの中で、とりわけ、わたしたちの生活に関連の深い、生活選択パスにおけるワイド・パスとナロウ・パスの相違を簡単に図示して、整理しておくことにします（図表3-2）。

この図表をもとにして、以下それぞれワイド・パスの時代、ナロウ・パスの時代について、分析を加えることにしましょう。

ワイド・パスの政治——岸信介から田中角栄へ

まずワイド・パスです。一般的にいって、経済が成長期にあると、政策はワイド・パス傾向を示します。と同時に、政権維持も容易であり、長期化する傾向があります。生活選択パスであろうと、体制選択パスほどではないにせよ、政策はある程度、対立し、選択的になることは否定できません。福祉を取るか、産業政策を優先するか、賃金の拡大政策を取るか、医療費の負担を抑える政策を取るかなどがそれです。例えば、企業を優先的に支援して産業政策をすすめる選択と、福祉を拡大する選択は矛盾します。ただワイド・パスの時期は、財政も豊かなので、あれもこれもと複数の政策を同時に実現することができるのです。体制選択パスの典型ともいえる安保問題のとき首相であった岸信介ですが、経済の高度成長を予測しつつ同時に国民年金法と国民健康保険法を成立させました。経済のみならず、年金と保険という国民生活をまもる制度にも関心を示したわけです。高齢化社会の現在にあって、この国民年金、国民健康保険はとても重要な生活の礎になっています。そういう意味では岸内閣は生活選択パスにおいてかなりワイドな選択をした政権と言えます。

土建政治で有名な田中角栄首相もまた同時に福祉政策に力を入れていました。田中は「日本列島改造」にともなう大幅な公共政策を実施すべく、一九七三年の公共事業費支出を前年比に対し三二パーセントも増加させました（カーティス『土建国家ニッポン』）。しかし同時に、老人医療の無料化や老齢年金の大幅増加を実現し、物価にスライドして年金が増額される法案まで通しています。この一九七三年は、「福祉元年」とも呼ばれています（中北浩爾『自民党政治の変容』）。田中角栄と聞けば、利権と公共事業、あるいは経済開発だけをイメージしますが、パイが大きい時期であり、ワイド・パスを取り、福祉にも力を注いでいました。

実は、自民党は土建政治、社会党は福祉政策にそれぞれ力を注いできたと、一般的には理解されがちですが、日本が世界に冠たる国民皆保険や、年金制度を立ち上げ、充実させたのは自民党政権であり、岸信介と田中角栄だったのです。そもそも岸は、一九五五年体制が成立する以前には、社会党右派への関心も強く、国民福祉政策にかなり理解を有していたと言われます。

この社会的なパイの拡大は、一九五〇年代末から始まっていますが、それを明確に言葉で表現したのが池田勇人であり、これがいわゆる一九六〇年の「国民所得倍増計画」でした。明確にワイド・パスの政策がここで表現されたのです。一年間のGNPの伸び率一一パーセントを目標とし、一〇年後には、所得を倍にするという野心的なこの計画ですが、当時、一部では急激すぎるとの批判もありました（中村隆英『昭和史』下）。特筆すべきは、日本の首相が国会の冒頭で行う所信表明で経済問題を語ったのは、これが最初だと言われていることです。それまでの首相は政治をめぐる発言が主であり、国の安全や、日本の国際的地位の確立などを語ってきました。岸の路線を池田が発展させ、田中がこれを完成させた。政治をめぐる路線とはまた違う枠組で自民党政治の一貫した発展がここに読み取れます。それが公共事業（経済）も福祉も、というワイド・パスの政策でした。そしてこれは経済成長の低下にもかかわらず、福田、大平政権と維持されていきます。

ワイド・パス期の諸問題

しかし、このワイド・パスの時期でも、様々な問題が生まれ始めていました。その具体的項目をあげれば、次のようになります。

① 豊かな国民生活にともなう政治離れ
② 経済発展にともなう負の遺産
③ 「豊かな社会」の中の改革

まず①の豊かな国民生活についてです。具体的には、「三C生活」と呼ばれたものです。これは、C＝自動車、C＝クーラー、C＝カラー・テレビが各戸に普及し、国民が豊かさを実感した時期を意味します。第一期の後期（一九六〇～九〇年）に当たりますが、この成長を担った世代こそ「団塊の世代」と呼ばれた、戦後ベビー・ブームの時に生まれた人々です。マイ・ホームをつくり、近代的な団地生活が始まります。一九六五年から一〇年にわたって続いたベトナム反戦運動や一九七〇年の安保の改定をめぐり体制選択パスの争点も浮き上がりましたが、社会的パイも豊かとなり、一般に平穏な日本の暮らしが確立されていました。貧富の差もあまり目だたず、一九七〇～八〇年代は「一億総中流社会」と言われた時期です。国民の九〇パーセント以上の人々が、自分の経済的地位を「中流」と感じており、この時代背景を、村上泰亮は『新中間大衆の時代』という本で総括しました。もはや社会党のいう階級社会はなく、中間層が主軸となる社会に変わったとみなされました。そのため人々は体制選択パス、つまり政治的なものに関わる関心が薄くなり、この傾向がどの政党も支持しないという無党派層の発生と拡大につながっていきます。いわゆる政治離れ、選挙離れです。具体的には、一九七〇年代から自民党の支持率が低下します。自民党だけではありません。社会党もまた支持率を減らし始めます。これが第一の問題です。

②に入ります。これも第一期後期（一九六〇～九〇年）の話です。この経済発展に伴う負の遺産には、二つの種類があります。ひとつは、経済開発をすすめるために、多くの利権が生まれ、汚職が発生したこと。その典型的な事例が、田中政権のときに集中します。当時、田中角栄は越山会という後援会組織をつくっていましたが、この越山会の資金の多くが利権によってもたらされたものだということが明らかにされました。すなわち、田中角栄が運営する室町産業が汚職で利権を手にし、そこから政治資金を獲得していたという政治疑獄の始まりです。評論家立花隆がこの舞台裏にルポルタージュとして切り込みます（立花隆『田中角栄研究』）。その後、最終的には田中の逮捕に至るロッキード事件が発生します。アメリカの航空機メーカーであるロッキード社が新型の航空機トライスターを日本に販売しようとした際、その販売に田中角栄が大きく関与し、三億円の賄賂を手にしたという話です。この金銭を「ピーナッツ」と表現していたので、これは当時の流行語になりました。この金銭政治は、高度成長期の負の遺産、政治の腐敗として注目されました。

国民生活にとっても負の遺産が発生しました。公害です。急激すぎる産業の発展は、当然、大気汚染や環境破壊などを頻発させ、働く人々や市民の健康をむしばみました。四大公害、つまり、水俣で発生した水銀中毒被害（水俣病）、新潟県で発生した「第二水俣病」、三重県で発生した四日市ぜんそく、富山県で発生した「イタイイタイ病」がよく知られています。水俣病の原因は、工場から排出される水銀が魚介類に蓄えられ、それを食した人々に水銀の害が及びました。ぜんそくは、大気汚染が激しく、煙突から噴き出る排煙が呼吸器に疾患をもたらしたものでした。

③に入ります。「豊かな社会」の中の改革という論点の登場です。三木武夫内閣の下、一九七五年度の予算編成を行っていた大平正芳大蔵大臣(今日の財務大臣)は、史上初の赤字国債二兆円を発行します。従来、国債は建設などの目的のためのみに発行されることを基本としていたのですが、財政の補てんのための国債が導入されました。経済成長が鈍化したときに、人々に豊かさを手軽に味合わせることのできる、国債の発行は一種の毒まんじゅうとも言えます。安易にこれを発行しすぎた結果、日本政府は大きな財政赤字を抱えるようになりました。ワイド・パスの時期がこうして終わりを迎えようとしていました。

中曽根内閣の処方箋

この三つを一言でいえば、国民の政治的無関心、汚職と公害、財政赤字となります。このワイド・パス期の「危機」に立ち向かった政治家がいました。中曽根康弘です。中曽根は、一九八一年から八七年まで首相を務めましたが、この三番目の問題にとくに取り組みました。彼は財政改革、行政改革を公約に掲げ、これを国民に直接訴えるパフォーマンスを用いて国民の関心を自分の支持にひきつけ、政治を変えようと試みました。高度成長を促進した首相は、どちらかと言えば、「保守本流」の旧自由党系に属していましたが、中曽根は旧民主党系に属していました。これが赤字国債による経済運営に一定の歯止めをかけようとした理由ですが、強い派閥を持たないことが彼をポピュリスト的に、そして改革を掲げた「疑似革命」的な振る舞いへと向かわせました。これはのちに、同じく派閥基盤の弱い小泉純一郎が模倣するところとなります。

中曽根はさっそく国家の財政負担を軽減すべく、国営事業の民営化を実施しようとします。一九八五年にはたばこの専売公社と電電公社の民営化を実施し、さらには財政赤字の最大の理由とされた国鉄の民営化を断行します。国鉄は民営化のみならず、七社に分割し、地域ごとにJRを誕生させました。そもそも国鉄は日本の近代化のために、明治初期から政治によって建設され、採算を度外視してつくられた面が強かったのですが、それでも炭鉱などの資源を運ぶライフラインとして一九六〇年代には機能していました。一九七〇年代に入っても、鉄道を引くのは地方や田舎にとっては一種の「夢」であり、公共事業政策の目玉として継続されていました。それが財政赤字の象徴として、過去の「負の遺産」として突如、目の敵にされたのです。

ただこの中曽根内閣のターゲットは単なる財政赤字の改善を狙いとしたものではなく、長年、保守と対抗してきた革新勢力の基盤を支えてきた「労働」との闘いでもありました。国鉄の民営化はある意味で、戦闘的な労働組合つぶしでもあり、国労という巨大な労働組合との「戦争」であったとも言えます。民営化に反対する国鉄労組はストで対抗します。国鉄がストで動かないと、コンテナがストップし日本の物流は止まってしまい、中曽根内閣を辞任に追い込めると彼らは考えました。

だが高度経済成長、そして田中の「日本列島改造」による公共事業の推進により、このとき日本の各地が高速道路ですでに結ばれていました。また豊かな社会は、市民にマイカーを提供し、モータリゼーションがかなり進んでいました。ある意味でこれが国鉄の累積赤字の原因のひとつでもあったのですが、日本の社会はすでに鉄道に対抗するライフラインを十分に備えていました。ここで中曽根は、全国のトラック業界を総動員して、物流の維持に成功します。ここに国労は敗北を迎えます。ただこの時代、世界の潮流も等しく民営化に向かっていました。イギリスではサッチャー首相、アメリカではレーガン大統領が、財政改革、行政改革に邁進します。この流れは「新保守主義」と呼ばれ、中曽根もまたこのリーダーの一人となります。

開発独裁

ではなぜ、財政改革、行政改革という難題に対しても、なお自民党は首尾よく向き合い、政権を維持することができたのでしょうか。それは、開発独裁という政治システムに要因があります。実は、自民党政権の長年の継続も、この開発独裁型の政策を実施したからだと言えます。

そもそも開発独裁とは、アジアの経済発展を分析するために作られた概念です。日本にこれを当てはめて分析した本はあまり見たことがありません。それはアジア、特にシンガポール、マレーシア、タイ、インドネシアなどにケースを見出しており、一言でいえば、これらの諸国は、日本の経済成長期から二〇年後の一九八〇年代に大きく経済開発に成功したわけです。わたしたちはその成

図表 3-3　アジアの政治的リーダーの在任期間

シンガポール	リー・クワンユー首相	（1965〜90 年）	在任 25 年間
マレーシア	マハティール首相	（1980〜03 年）	在任 23 年間
インドネシア	スカルノ大統領	（1949〜65 年）	在任 16 年間
	スハルト大統領	（1968〜98 年）	在任 30 年間

※　ただし，マハティール首相は 2018 年に再び政権の座についています。

功の政治的要因を開発独裁と呼んでいます。独裁といってもヒトラーのような政治的独裁を意味していません。単なる独裁ではなく、「開発独裁」です。

端的にいえば、これは選挙によって選ばれる政治家が長期政権を維持することと、経済開発を通じて国民を豊かにすることと取引したような仕組みです。長期政権と経済開発を等値する考えと言っていいでしょう。この地域の政治的リーダーを見ると、二〇年以上、政権を担当している政治家がたくさんいます。シンガポールのリー・クワンユー、マレーシアのマハティール、インドネシアのスカルノとスハルトです。それぞれの政治家の政権担当年数を図表で示すと図表3-3のようになります。

戦後日本では、一九六〇年代、七〇年代、八〇年代には、高度成長しましたが、佐藤栄作、中曽根康弘の長期政権があるといっても、一〇年以上、首相を経験した人は皆無です。

首相という個人レベルではなく、政党レベルでいえば、自民党独裁です。ここがポイントです。指導者レベルではなく、政権党レベルで見る、この視点を強調したいと思います。確かに、中曽根は、一度、過半数割れして、自民党を離党してできた新自由クラブと連立を組まなければならない時期も経験しています（一九八三年第三七回総選挙）。ただこれはある意味で、中曽根があまり踏み込まなかった負の遺産、「汚職」に対するひとつの選択肢ととらえることができますので、中曽根政権の政策が、ワイド・パスの時代の困難に対する一種の処方箋を示したということを補強するにすぎません。中曽根自身が、献金などの疑獄にかかわったことがありますので、汚職については外部との連携でこれに対処するというのは自然のように見えます。他方で、公害や環境の問題について中曽根政権はたいした貢献をしてはいません。

この連立については、すでに第一章で述べた通りです。

最後にまとめとして、戦後の日本政治の歴史を単純化して、一〇年ごとに変化を見ます。

一九五五年　保守合同　自民党の結成　⇓　政治的安定
一九六五年　高度成長　⇓　経済的安定
一九七五年　先進国　⇓　第一回サミットへの参加
一九八五年　国際化元年　⇓　日本企業の海外進出
一九九五年　バブル崩壊の最中　⇓　失われた一〇年

ナロウ・パスの時代

ナロウ・パスの時代は第二期前期（一九九〇〜二〇一二年）を指しています。ナロウ・パス時代の特徴は、政策の幅が狭いため、どの政党が政権をとっても、行政改革、財政改革に取り組まないといけないという、政党の相違を超えた課題にあります。ですから、第一章で述べたように、自民党から民主党へと政権交代しても、政策の幅のズレはそれほどなかったのです。むしろ後述しますが、民主党は自民党よりより厳しく、行財政改革に取り組みます。その具体的事例が事業仕分け、つまり予算配分が、適切に行われ、かつ予算配分に見合う効果をあげているかを仕分けする作業です。

もうひとつの特徴は、ナロウ・パスの時には、ワイド・パスの時代に比べて政権交代が起きやすいということです。しかし、ナロウ・パスで政権をとった場合、次にどんな夢を国民に与えることができるのかというビジョンが不足すれば、政権党の野党への再転落もまた早いと言えます。というのも、ワイド・パスの時代は、国民生活を豊かにできる財政の仕組みがあるので、政権党に対する支持率も高くなりがちですが、ナロウ・パスの時代は財政改善のため基本的に国民に生活の切り詰めを迫りますので、支持率を上げることは容易ではありません。

具体的に見ていきましょう。ナロウ・パスは第一期後期からすでに端緒が始まっていました。国有事業の民営化、あるいは消費税の導入などが具体的な事例です。一九八九年に導入された最初の消費税がその象徴です。当時は三パーセントでしたが、一九九七年に五パーセントに上がり、二〇一四年四月には八パーセントに上げられました。消費税を導入する契機は、財政の赤字を埋めるためです。一九五五年体制下で、最初に消費税を訴えたのは大平首相でした。彼はワイド・パスがいつまでも続くと思っていなかったので、ワイドな政策を継続するためには早めの財源確保が不可欠だと考えていました。大平は自分が蔵相時代に、一九五五年体制下で初めての赤字国債を発行したことを気にしたようです。国債償還のために、税収アップが必要でした。当時、これは大型間接税と呼ばれましたが、実現に至りませんでした。

日本の国家財政は一九八〇年代頃から、大幅な赤字財政に陥りました。二〇一七年にはこれが加速化し、財政収入の約五〇兆円に対し、財政支出は約一〇〇兆円もあります。差額五〇兆円の赤字です。赤字を埋めるため、国債を発行して、国民に国債を購入してもらって穴埋めをします。国債を買った国民は償還期間の一〇年が経てば、払い戻しを求めます。また国債を購入するモチベーションはこの一〇年間の利子収入にあります。政府から見ると、国民から借金をし、利子も払うことになりますし、また返済もしなければなりません。問題解決の処方箋は消費税をはじめとする様々な増税となります。

従って、増税が不可欠となる政策選択は、すでに述べたように、どの政党が政権を取っても同じなのです。政権党が変わっても、この政策を変えるというわけにはいきません。このように政権の如何にかかわらず、同一の政策を実施しなければならないという現象は、ナロウ・パス時代の典型と言えます。

この状況で一九九〇年にバブルが崩壊し、日本経済は失速を始めました。本書はこれを日本政治の第二期の始まりとしていますが、経済が発展しない、不況を前提とした政策づくりをしなければならなくなりました。不況では誰でもモノを買い控えします。その結果、需要(消費)が減少します。供給側(売り手側)は価格を下げます。土地も売れないと価格が下がります。価格の下落とは資産の減少を意味します。

この資産減少のメカニズムがいわゆるバブル崩壊です。この悪循環が一〇年、二〇年続きました。最初は一〇年、この状態が続いたので「失われた一〇年」と呼んだものです。それが二〇年続き、三〇年近く続いており、もはや「失われた」というよりはこの状況がスタンダードになったとさえ言えます。

小泉改革

ナロウ・パスの時代においても自民党は政権を維持します。ここでは小泉首相の存在が重要です。小泉は「改革なくして成長なし」というスローガンを掲げ、財政赤字で経済成長が見通せない時代でも政策目標を「成長」に置かないと支持率が低下することをほぼ本能的に理解していたようです。彼は政治家としての卓越した指導力を発揮し、強い首相のイメージを植え付け、ナロウ・パスの政策を実施しつつ、同時に「改革なくして成長なし」と訴えたのです。小泉内閣発足時、支持率は八〇パーセントに至りました。前にも触れましたが、小泉首相は自民党の総裁でありながら「自民党をぶっ壊す」と叫ぶのです。本音はワイド・パス時代に幅を利かせた公共事業中心の政策をとり続けた（田中派から分かれ、保守本流の宏池会の流れを汲む竹下登が主導した）経世会をぶっ壊したかったのですが。

小泉のいわゆる構造改革とは、四つの柱を持っています。小泉政権は二〇〇一年から〇六年まで続きますが、国民に絶えず政治が動いているというイメージを与えるために、毎年、新しいナロウ・パスの政策を発表します。それは、①高速道路の民営化、②年金改革、③三位一体改革（自治体改革）、そして④が最も力を注いだ郵政の民営化です。小泉はこのために司令塔をつくります。従来、予算決定の際には、政府・与党側から政調会長がまとめた予算案と、事務次官レベルで調整された行政側予算案を、首相が調整するという形のボトムアップ方式でした。しかし、これではそれぞれの分野で利益を得てきた族議員の誘導も断ち切れず、官僚が保持してきた既得権益の減額もできません。そこで小泉は、トップダウンを行うべく、首相直属の経済財政諮問会議を利用しました。経済財政諮問会議こそナロウ・パス政策の司令塔となるのです。ただナロウ・パスのなかでも、増税政策を行えば、必ず批判を受けることは明らかでした。そこで小泉政権は、毎年の国債発行高を三〇兆円に抑え、国債発行制限を実施しました。

では四つの改革を見ていきましょう。高速道路は、その通行料の収入によって維持されていましたが、全長約二万四千キロに及ぶ高速道路は、赤字路線も多く、その負担は税金で賄われていました。赤字財政の大きな原因の一つです。そこで中曽根政権が国鉄の赤字を解消するべく民営化してJR七社に分割したように、小泉政権も高速道路を民営化し、赤字路線の拡大を防ごうとしました。つづく改革は、年金です。人口が高齢化する中で、年金受給者は増える一方ですが、年金の負担者は人口減で少なくなっています。安定した年金制度を作ろうとしました。そのために年金保険料を二〇一七年まで毎年上げるとともに、年金支給額を一割程度さげるといった国民に痛みを背負ってもらうかわりに、「百年安心」としてこれをアピールしました。

その次には、自治体改革に手掛けます。政府は自治体に交付金を出しています。東京都などの大都市以外の多くの自治体は財政赤字に苦しんでいます。自治体に赤字の埋め合わせをこれまでしてきたのが地方交付税交付金でした。そもそも都道府県、市町村には三つの収入源があります。自主財源、補助金、交付金です。補助金は特定目的の事業に政府が支払うものです。これに対して、交付金の使い道は自治体の自由に任されています。この三つを総合的に判断して、自治体への援助そのものを見直そうという三位一体改革を小泉は手掛けようとしました。

最後が小泉政権の本丸である郵政民営化です。彼はとりわけ郵便貯金をターゲットにしました。郵便局を全国に開設し郵政族をつくり、郵政利権を資金源としたのは田中角栄でした。地方郵便局を優遇し見返りに郵便局から迂回組織を通じて田中派への政治資金あるいは票が流入したとも言われています。小泉はこの田中政治を壊したいと考えていました。庶民からみれば銀行よりも郵便局が手軽で安全にみえます。そのため郵便貯金は膨大に膨れ上がりました。ただ民間の銀行経営を圧迫しないよう、郵便貯金の貸出先は、公営施設に限られてきました。道路公団、住宅公団などへの融資です。とはいえ、高速道路も過剰、住宅も人口減少化で過剰では、貸付は赤字公社のみとなり、利子回収さえ困難です。民間の銀行のように、個人にも企業にも貸し付けできるようにするためには、郵便貯金の在り方を普通の銀行のように改革しなければなりませんでした。そこで、郵便局を葉書・手紙を扱う郵便会社、簡易保険を扱う郵便保険会社、郵便貯金を扱うゆうちょ銀行の三つの会社に分け、これを総合する窓口会社の計四つに分割したのです。

小泉政権の特徴はハコモノを中心とした公共事業に手を出していない点が挙げられます。小泉の構造改革はソフトを改革することに力を注ぎ、公共事業というハードにはほとんど手を付けませんでした。ソフト改革こそ小泉改革の本質でした。しかし、赤字が解消したのかといえばそれほどの効果はなく、また年金などはデフレが続いたため、国民の痛みは増える一方であったというのが現実です。

民主党のポスト小泉改革

二〇〇九年に政権をとった民主党は、実はこの小泉改革では不十分だとして、さらなるナロウ・パス政策をとりました。彼らは行財政改革をより徹底的に実施すべきだと主張します、一時ブームになった事業仕分けという言葉を覚えていますか。ヒアリングを行って個々の事業費の見直しを行おうとしました。ナロウ・パスをさらにムダを省いてナロウにしようとしました。その仕分けを主導した蓮舫《れんほう》議員の「どうして一番じゃなきゃだめなんですか。二番じゃいけないんですか」というフレーズは流行語になりました。あれも要はムダを省こう、そこまでお金をかけて一番になる意味がどこにあるのかという問いかけでした。

財政赤字を前提にすれば、あれもこれもと幅のある政策は実施できません。どの政党が政権を取っても、自民党のどの派閥が政権を取っても、赤字財政再建という課題には似た処方箋しかありません。すなわち、増税か経費削減のいずれかです。とりわけ、雇用が減少し、生産人口が減少すると所得税の上昇は見込めません。人口の高齢化がすすみ、年金の財源が底をつき始めるからといって、減額はできても年金そのものを切り捨てるわけにはいきません。

ムダを省くことが大事なのですが、国民に評価されそうもない行財政改革に取り組んだ小泉政権はその指導力、ポピュリスト的な人気があったゆえに、政権維持に成功しました。国会の外での政治を重視し、国民に直接訴えるという手法を取り入れ、テレビやメディアを活用しました。しかし、小泉首相の後をついだ安倍、福田、麻生の各首相たちはこれを踏襲できませんでした。とくに国民に期待された安倍政権のスキャンダルによる混迷と首相自身の健康悪化に伴う政権の投げ出しは、自民党への支持を一挙に掘り崩しました。しかし、これは安倍政権がそのきっかけを作っただけであり、より本質的な理由は、長期政権を担っていた自民党が、これまで票を獲得するため多くの予算をムダに使用して財政を赤字にしたということにあり、ここを有権者はついたのです。小泉がその個人的パフォーマンスで乗り越えていた自民党政治の危機が露出したわけです。

第一章で見たように、民主党政権はこのナロウ・パスをうまくつくれませんでした。緊縮財政はデフレを加速化させ、物価は下落します。企業の生産も停滞します。要するに、財政赤字を解消しようとして引き締めて所得税も法人税も減収する。土地の値段も一部の都心を除いて下がり、固定資産税も下がる。経済は停滞し、日本経済がますます縮むのです。バブル崩壊後、経済はずっと落ち込んでいました。その上にデフレ政策が追い打ちをかけるわけです。国民としては生活に展望がみえにくい状況です。それでも当初は、政権交代に期待がありました。しかし、日米同盟の軋み、「3・11」をはじめとする大災害への対応のまずさなどが重なり、民主党の政権運営のまずさばかりがクローズアップされるようになり、ついには支持率が落ちていきます。ここで第一次政権で辛酸をなめた安倍晋三が当時の失敗の経験を踏まえて自民党総裁に返り咲き、選挙に挑むのです。

ワイド・パスへの復帰？

二〇一二年に政権復帰した自民党安倍政権は、このナロウ・パスの時代にあって、ワイド・パスの政策を始めました。わたしが第二期後期(二〇一二年～現在)と位置付けるものです。予算規模を大きくし、公共事業をどんどんやり景気回復を目指そうというものです。これはとても危険な政策で、悪性インフレを招くリスクがありますが、六兆円規模の財政出動を計画するのです。国民も一九九〇年以来、ワイド・パスを経験していませんから、財政赤字が拡大するリスクを感じながらも、安倍政権のワイド・パスに魅せられます。ナロウ・パスに耐えることに我慢ができなくなっていた国民は赤字の増大よりも目の前の利益に飛びつきました。

不況から脱却し、景気を上向けるという安倍政権の政策はアベノミクスと呼ばれました。アベノミクスとは、一九八〇年代、米国のレーガン大統領が経済を立て直すのに、独自の経済政策を実施したことを模倣しています。当時これは、レーガンの経済政策、レーガノミクスと呼ばれました。様々な意味でアベノミクスは、このレーガノミクスのコピーです。

その政策内容は三本の矢と呼ばれています。それは以下の通りです。

① 大胆な財政出動
② 大幅な金融緩和
③ 民間活力の導入

具体的に言えば、①は赤字予算を覚悟して公共事業を拡大する、②は円安を誘導するために日銀の通貨発行を拡大することを意味しています。③は読んで字のごとく、民間が活力ある生産に挑戦できるように、規制緩和を実施するというのです。

これはワイド・パスの政策です。財政出動や金融緩和などは金が市場に出回ることを意味します。市場の資金が大幅に増えれば、政策として、AかBかというナロウな選択を迫る必要が減ります。無制限とはいかないまでも出回る資金が大きくなれば、AもBも実現できます。安倍政権になって、その拡大を図る政策が実施されました。賃金をカットし会社の利益を上げるという政策はナロウ・パスですが、賃金も上げ会社の利益も上げようというのはワイド・パスの政策です。

アベノミクスと呼ばれる政策により、ワイド・パスを目指した結果、一九九〇年のバブル崩壊以降、かすかとはいえ経済発展に向けた明るさが見え始めたのです。しかし、気を付けなければならない点があります。一九七〇年代から財政は赤字で、どのように再建をするかが大きな課題となってきました。財政収入を拡大する資源は国債ですから、国の借金がまた増えます。ただでさえ、財政赤字の名のもとに福祉が切り捨てられてきましたが、アベノミクスもまた財政赤字を拡大させる危険性を十分に持っているわけです。

では、どうして赤字財政を拡大する危険があるにもかかわらず、アベノミクスが登場したのでしょうか。それは二〇年もの間、賃金は上昇しない、会社の経営も上向かない時代が続いていました。商品が売れないから価格を下げる。価格を下げると賃金が上がらない。賃金が上がらないと商品を買わないから売れない。買ってもらうためにはまた価格を下げる。いわゆるデフレ・スパイラルに落ち込む一方でした。さらに不況だから、国民は生活防衛のために貯金をする。貯金が増えると、商品購入のためのお金が市場に回らない。その結果、市場は資金不足で、これもデフレになるという悪循環です。もうデフレの耐久生活はたくさんだ、また赤字が拡大してもよいから、金融緩和をして欲しいという有権者の期待があったからこそ安倍政権はこれを打ち出したのです。

ただアベノミクスが効果を発揮しているのは、公共事業部門、とりわけ建設業であって、福祉の拡大にはつながっていません。高齢者が増えて年金需要が拡大する一方、少子化で年金を支払う若者が減少している現状に対しては、年金カットしか手がないからです。需要拡大を目指すなら、年金を増額すべきですが、そこまでの余裕はないということです。安倍政権はここで、働く女性を増やし、生産人口を拡大したいのですが、保育士の数、保育園の数など社会資本が不足したままです。これにお金をまわすところまでいけません。保育園に入るのを待つ待機児童が増える、女性は活躍できないという悪循環です（本来は男性が育児をしてもいいので、これが女性にのみしわ寄せがいくのも日本の問題ですが）。アベノミクスで目指すワイド・パス政策も、無理をしたものであり、財政赤字という大きな制約を乗り越えられないのです。

安倍政権はなぜ「成功」したのか

さてアベノミクスといえども、財政の逼迫を十分にカバーすることは不可能ですから、これを税収で補おうという誘惑にかられます。ここで消費税増税が不可欠の選択として登場します。問題は、消費税を上げることにはどの政党も乗り気ではないという点にあります。消費税導入の一九八九年、消費税三パーセントを五パーセントにあげた一九九七年を見ると、次の選挙では、自民党は政権を失わなかったものの、相対的には負けてきました。

いろいろな政党が、政治のムダを省いて財政再建をすべきであり、有権者に負担をさせるのはそのあとだという論議をします。しかし、ムダを省くといっても限度があります。防衛予算の削減、極端にいえば、自衛隊を廃止し福祉にまわせと主張する政党もありますが、ここまで社会に認知された自衛隊を廃止することはまず不可能です。それに、たとえ自衛隊を廃止したとしても国内総生産の一パーセント程度の予算規模にすぎません。財政赤字はその一千倍にあたりますから、自衛隊予算を〇円にして、福祉に回しても、焼石に水と言えます。そもそもそういう小手先の対応で財政赤字の問題は解決しないのです。

実は、今度の消費税増税、つまり五パーセントから八パーセントへ、さらに一〇パーセントに段階的に上げるという政策は、自民党、民主党、公明党が個別に勝手に決めたのではなく、与野党間の合意で二〇一二年に決定したものです。ですから、自民党がかつて経験した選挙での苦い思いは繰り返さなくてもよいはずなのです。消費税増税のような必須の政策は、ナロウ・パスの典型ですから、政争の種にしてはならない問題だと私は考えます。その意味では与野党を超えた合意は大きな成果でした。

問題はこの合意を安倍政権が、政権維持のために、棚上げ、延期を繰り返したことにあります。アベノミクスが社会的な広がりを欠き、公約であったインフレ率二%はいまだ達成する見込みがなく、東京など都市部や震災復興ブームで沸く東北の一部などを除けば、日本の地方の落ち込みは悪化する一方です。都会が好況であれば、地方の若者が流出します。その結果、田舎は高齢者ばかり、社会の活気は低下し、公共サービスにもお金が回らなくなり、ますます住みにくくなり、過疎が進むという悪循環が深刻化しています。

ですから安倍政権は福祉のための消費税増税というスローガンを立てました。しかし、増税に踏み切る勇気をもてません。いくら与野党合意とはいえ、いつどのタイミングで上げるかを左右するのは政権党ですし、増税をした政権党は次の選挙にリスクがあります。そこで安倍政権は自ら約束した増税回避を選挙公約にするという奇策にでます(二〇一七年)。当然、国民はこの先延ばしを支持しますから、安倍政権はまた勝つわけです。このような奇策はある種のポピュリスト的手法でもあります。森友問題、加計問題で首相個人の信用が失墜していく以前は、小泉首相ほどではないにせよ、安倍首相も個人的な人気は結構、高いものでした。

第五章で議論しますが、安倍政権のもう一つの特徴が、安保や改憲といった体制選択パスを争点にすることです。本書で分析してきたように、生活選択パスと体制選択パスは本来、相対立するものです。安倍政権とはナロウ・パスを前提としながら、ワイド・パスの政策を目指した政権だと整理できますが、実は生活選択パスをもとに体制選択パスにも踏み込んできました。ただし、優先順位はここでも生活の方です。安倍政権は、経済優先内閣と称して登場しました。そして憲法改正や安保については争点としないかたちで選挙に臨もうとします。何か問題があれば、何よりも経済、経済、経済と繰り返す首相の姿をみなさんも覚えておられるでしょう。

安倍政権は明らかに、改憲を前提としており、憲法九条を改正して、自衛隊の存在を明記し、国の交戦権はおろか集団的自衛権を認めようとし始めています。これは大きな問題で、自衛隊はすでに認知されているから、憲法で明記されても事態は変わらないという人も少なくないのですが、憲法に明記されると他の法制に大きく響きます。少し先取りすれば、自衛隊の明記によって徴兵制の法制化にも道が開かれることになるのです。日本の姿を大きく変える道筋がここに見えます。これは日本を取り巻くアジアの国際関係や外交政策と結びついていますので、これ以上は後の章に譲ります。

政権交代は政策選択の結果ではない

ではこの章のまとめに入ります。結論から言えば、政策の是非をめぐっての政権交代は起きてはいないということです。生活選択パスには、ワイド・パスとナロウ・パスがありました。ワイド・パスは第一期に、ナロウ・パスは第二期に顕著に現れた政策です。

自民党が長期政権を維持できた理由は、第一期では開発独裁的政治を実施してきたことによる点が多いのですが、ナロウ・パスの第二期では、行政改革や政治家主導による政治の運営や演出によるところが大きいです。本章ではあまり触れませんでしたが、これは橋本首相の行政改革(一府二二省を一府一二省に再編し、公務員数は八〇万人から五〇万人に削減)を契機として政治が官僚をコントロールしようとした手法を発展させたもので、小泉・安倍がこれを発展させたのはすでに見た通りです。とくに安倍政権は、官僚人事を政治家がやるようにしたことで官僚の自律性を奪い、いわゆる「忖度《そんたく》政治」と言われる温床をつくりました。「森友」「加計」でみなさんもこのニュースはよくご存じでしょう。二つの時期を図式化します。

第一期　ワイド・パス　開発独裁政治

第二期　ナロウ・パス　橋本―小泉らによる政治主導への展開

この過程のなかでは政権交代は起こりにくいのです。二〇〇九年から一二年までの民主党政権もその政策方針はやはり自民党と大差なく政治主導による行財政改革でした。しかし、これはパイの縮小や奪い合いですから、有権者の人気を得ることはできません。改革は短期的には「生活の質が向上した」という国民の実感を生みません。生活選択パスを争点にして政権をとることは容易ではないと言わなければなりません。翻って、自民党政権は生活選択パスをうまくコントロールすることを通じて長期政権を築いたと言えます。

他方、体制選択パスも政権交代を容易にしません。本章の最初に見たように、原発推進あるいは原発反対など、政権の命より長く時間を必要とする政策は、与野党合意により政権が代わっても継続される必要がありますから。安保も憲法も同じです。従って、これも政権交代に結び付けるには難しい争点なのです。

結論を言えば、政策と政権交代はそれほど強く関連づけられていないと言うことです。ワイド・パス時代は、パイの配分が大きいゆえに国民は政権を支持します。ナロウ・パスの時代は、行財政改革がベースですから、政権をとってもビジョンが描けず、政権が変わっても同じような政策が続くことになります。また安保、原発など体制選択パスはそもそも選挙の単一の争点になりにくく、その長期的性格から政権交代で容易に動かせるものでもありません。これまでの経験から見ても、政権交代は、政策選択の結果ではなく、政権党の失策、つまりオウン・ゴールのときに起こっているのです。

第四章　有権者——浮動票と無党派層

なぜ有権者が研究テーマにならないか

有権者は、政党にとってエネルギーをチャージしてくれる対象です。有権者の一票一票の動向によって、政党は与党にもなり、野党にもなるのです。しかし、残念ながら有権者は、三六五日、政党に対して優位な位置を占めることはできません。かつて、ルソーは「議員を選挙する間だけ、人民は自由になれるが、あとは奴隷だ」と語ったことがあります。すなわち、選挙期間だけが、有権者が政治の主体になることができると述べているのです。例えば、政党は選挙のときには、有権者本位の政策を提示しますが、選挙が終わると、政党本位の政治に戻ってしまいます。

このルソーの言葉は、有権者を研究する場合、重い意味を持っています。たとえ短い期間しか主役になれないとしても、政治家が気にかけなければならない有権者についての研究は、多く見当りません。理由は簡単です。有権者が選挙を通して積極的に政治にかかわるとしても、選挙の枠組そのものを有権者が作るわけではないからです。議会が決めた選挙制度の下でしか、投票はできません。議会の解散も、有権者が決定するわけではなく、衆院の解散は首相が決めます。その意味で、有権者研究ではなく選挙制度研究が重視されてきました。端的にいえば、選挙は、選挙管理委員会が投票日を決定し、候補者を受け付け、有権者に入場券を発送する流れで行われ、有権者は従属変数にすぎないからです。

さらに付け加えれば、有権者は与えられた立候補者の中から、議員にしたい人を選択しなければなりません。有権者が独自に候補者を選定できるわけではありません。その意味で、選挙の二つの枠組、つまり、公職選挙法による選挙制度と、候補者を公認もしくは推薦している政党（もしくは無所属で自ら立候補した候補者）による制約のなかでしか投票行動をできないのです。

ただ世界ではこの二つの条件に拘束されない選挙を実施している国があります。例えば、アメリカは、立候補制がなく、選挙の告示行為もないため、いつでも選挙活動ができ、有権者は誰にでも投票することができます。大統領選挙に一年もかけるのはよく知られていますが、普通の議員選挙においては立候補などないので、投票日に隣人の名前を書いても有効となります（もちろん、隣人が当選することはありませんが）。

フランスでは二重代表制が敷かれています。具体的には、自治体首長が国民議会の議員になることができます。ボルドー市長が国民議会の首相を務めたこともあります。そんなことをするとボルドーが大変ではないかと思われるかもしれませんが、副市長が一〇人以上いるので、市長が不在でも対応できるのです。小池百合子が東京都知事になったとき、国政への鞍替えが話題になりましたが、フランスなら東京都知事が首相になれるわけです。

日本における三つの法的枠組

日本には政治活動、国民投票、選挙に関する三つの法的な考え方があります。第一は政治活動に関する枠組です。政治活動は憲法のもとで、国民の基本的権利、自由権として保障されていますから、いつ、どのような形であれ、政治活動は可能です。具体的には、集会やデモといった行為です。政治活動には年齢制限もありません。高校生がデモに参加するケースもよく見かけます。

第二に同じく憲法で保障された国民投票があります。これはいささか特別な枠組で、憲法を改正するときに実施すると憲法で定められたものです。もちろん、原発の有無など単一の争点を国民投票にかけることも可能でしょう。しかし、日本では改憲以外に国民投票について議論し法制化した経験はありません。また国民投票の際の細目も決められていません。戸別訪問、街宣活動の時間帯、経費などの制限もありません。経験してみないと何とも言えないのが現状です。

第三は公職選挙法です。選挙法とありますが、これは必ずしも選挙のときだけに適用される法律ではありません。選挙期間でないときに政治結社を作った場合でも、選挙管理委員会に届けなければなりません。また政党は政治活動のための経費も定期的に報告しなければなりません。この法律で一番大切なポイントは、政党に対して選挙公示期間の活動を監視し規制することにあります。選挙公示期間になると、街頭演説、ビラの枚数、その他、多くの規制がかかります。この規制は政治家の秘書にでもなって勉強しないと分からないほど、複雑です。そこで、この三つの政治・選挙活動の枠組を図示しておくことにします（図表4-1）。

留意してほしいのは、一度、選挙が始まると、公職選挙法が、国民投票にせよ、政治活動にせよ、この活動を制限するという点です。要するに、選挙が始まれば、国民投票の権利（選挙と同時に国民投票が行われる場合を想定しています）や通常の政治活動は、すべて選挙運動の一部と見なされるため、大きな制限を受けます。誤解を恐れずに言えば、選挙が始まると、政治活動は中止されたのと同じ状態になります。

図表4-1　3つの政治・選挙活動の規制程度

名称	規制	罰則
公職選挙法	強い	重い
国民投票	弱い	軽い
政治活動	ほとんどない	普通の刑法範囲

投票率の推移

次いで投票率について話しをします。投票に関して歴史的な名著があります。中江兆民の『選挙人目ざまし』です。第一回帝国議会選挙が一八九〇年に実施されています。当時は、納税額によって選挙権が与えられていました。具体的には一五円以上、納税した男性だけが、有権者となれました。中江兆民も立候補しますが、そこで彼は次のように述べています。納税額一五円だけの人が有権者になるので、その制限された有権者が決めたことは、一五円未満の人々の生活をも規定することになる。だから、棄権などもってのほかで、選挙人＝有権者は、選挙権を持たない人々の生活をよく見て、目を覚まして投票すべきだと説いています。当時の選挙の状況を知るためには、とても有益な本です。

この制限選挙では、有権者は国民総人口の約一パーセントにしかすぎませんでした。投票率ですが、これも九四パーセント近くありました。選ばれた人の、選ばれた人による、選ばれた人のための選挙でした。その後、納税額が一〇円に下げられ(一九〇〇年＝明治三三年)、さらに三円にまで引き下げられます(一九一九年＝大正八年)。その結果、有権者も一〇円では、約二パーセント、三円では五・五パーセントに拡大します。一九二五年には、納税額にかかわらず二五歳以上の男性すべてに選挙権が与えられます。それでも、八〇パーセントに近い投票率がありました(蒲島郁夫『政治参加』)。

では戦後の選挙の投票率はどうなっているのでしょうか(図表4-2)。

ここで分析すべき問題点があります。それは第二期においては、支持政党を決めていない無党派層が有権者の約三〇パーセントも存在するという点です。自民党の政権支持率を見てみると、小泉政権時代の八〇パーセント以上という例外的状況を除いて。約六〇パーセントから三〇パーセントを上下する幅に収まっていますが、その政権党の支持者と匹敵するほどの、無党派層が存在するのです。ただ、「無党派層」がそのまま「政治的無関心層」を意味している訳ではありません。この無党派層がうねりのように投票に参加したとき、政権交代が起こります。二〇〇九年の総選挙で、自民党が敗北し、民主党が政権を握ったケースが典型です。

付随的な情報として、投票日について触れておきます。通常、投票日に有権者は投票するのですが、投票日以外に投票できるシステムが二つあります。不在者投票と期日前投票です。不在者投票

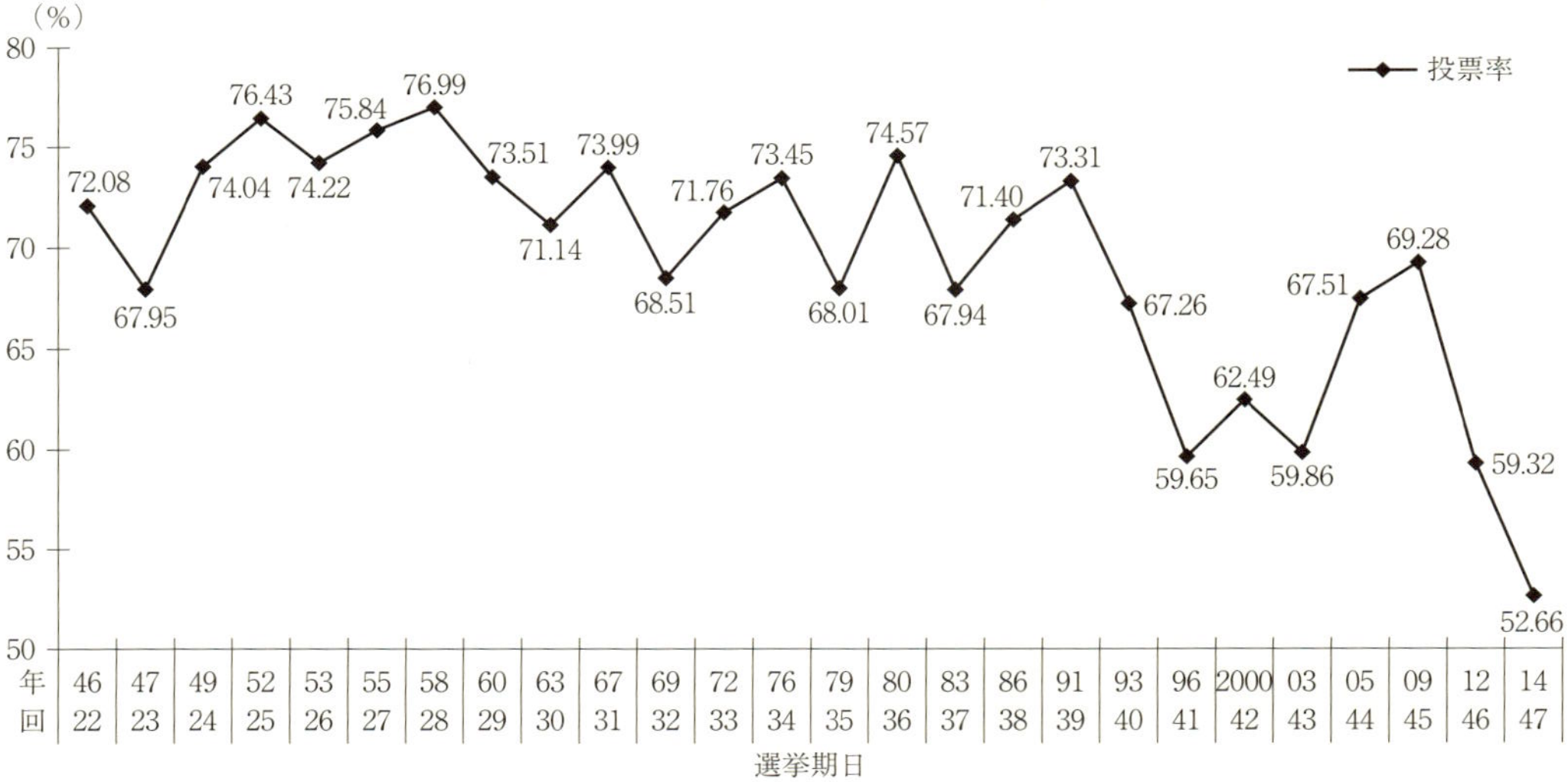

図表 4-2　衆議院議員総選挙(大選挙区・中選挙区・小選挙区)における投票率の推移

注 1　1963 年は，投票時間が 2 時間延長され，午後 8 時までであった。
注 2　1980 年及び 86 年は衆参同日選挙であった。
注 3　1996 年より，小選挙区比例代表並立制が導入された。
注 4　2000 年より，投票時間が 2 時間延長になり，午後 8 時までとなった。
注 5　2005 年より，期日前投票制度が導入された。
出典：総務省ホームページ。

は、投票日当日、不在にするので事前に投票するシステムですが、実際に投票用紙を投票箱にいれるのではなく、記名した投票用紙を封印し、封筒に入れて選挙管理委員会に郵送する方法です。選管は投票日当日に開封して、投票箱に入れます。

期日前投票は、投票日に投票に行けないので、選挙期間中に、投票所に行って、有権者が実際に投票箱に投票するシステムを意味しています。期日前投票が実施されるようになった理由は、不在者の投票を投票日当日に選管が投票箱に入れ忘れたケースがあったからです。期日前投票は二〇〇三年に導入されました。

さて投票率は高いときも低いときもありました。政治的スキャンダル、重要政策が発表されたとき、政権安定期などで、投票率は上下してきました。しかし、全体的な傾向として、第一期より第二期が、投票率の下向現象が確認できます。政権交代が起きた二〇〇九年では、六八・二六パーセントの投票率が見られますが、直近の二〇一七年では、五二・二六パーセントにしか達していないのです。一五パーセントを越える開きがあります。下向傾向にあるといっても、七〇パーセント近く投票を行うこともある有権者の実像についてみていきましょう。

有権者を取り巻く社会的背景——大衆社会

現代社会を規定する概念として、大衆社会、市民社会、そして分権型社会の三つがあります。時代区分をすれば、大衆社会も市民社会も第一期後期（一九六〇～九〇年）に前後して登場します。第一期前期（一九五五〜六〇年）は、まだ敗戦の雰囲気が色濃く残り、庶民は大衆文化や市民文化を享受する余裕はなかったのです。他方、分権型社会は、第二期（一九九〇年〜現在）を通して見られる現象です。

まず大衆社会の登場から見ていくことにしましょう。「大衆社会」という概念をつくったのは、ドイツの社会学者カール・マンハイムだと言われています（読売新聞二〇世紀取材班編『二〇世紀　大衆社会』）。それまで、生産や消費が、ある程度、個人や集団を対象として行われてきましたが、それが大衆というかたちで変化します。大衆社会とは、英語で「マス・ソサイアティ」と呼びます。この「マス」が大衆を意味します。また「マス」には大量という意味もあります。現在、マスメディアという言葉を使いますが、これはマス＝大衆にマス＝大量の情報を伝えるメディアのことを指しています。具体的には、テレビや新聞がその典型だと言えます。この場合の伝達は基本的にはメディアの側から一方的になされてきました。教育の現場でも、大教室に多くの多数の学生を集めて講義する方法をマス教育と呼んでいます。マス現象は、社会のいたるところに発見できます。加えて、やや不穏な事例ですが、ミサイルなども、大量破壊兵器と呼ばれますが、これは大量＝マスの人々を殺害する兵器を意味しています。

政治的には普通選挙が導入され、制限がなくなり、有権者が投票に参加できるようになったことを大衆政治が始まるきっかけと言えます。政党も政権を取るために、このマス＝大衆を対象に選挙活動をしなければならなくなります。マスの概念をマンハイムがつくったのは第二次世界大戦以前の欧州の状況を踏まえてのことでした。日本は当時、普通選挙が導入され、財産による投票権の制約が解除されますが、それは男子だけにとどまっていました。

ただ大衆という概念が流通するのは、戦後、とくに民主主義が拡大定着していく過程でのことです。ここで名著を三冊あげます。ウィリアム・コーンハウザーの『大衆社会の政治』、デイヴィッド・リースマンの『孤独な群衆』、ホセ・オルテガ・イ・ガセットの『大衆の反逆』です。最初の二冊は客観的に大衆社会の現状を分析しており、『大衆の反逆』は大衆社会が決して好ましいものではないとイデオロギー的に大衆批判を行っています。

ここではリースマンに即して大衆を規定したいと思います。最初、彼は大学のテキストとしてこれを書いたのですが、予想外の反響を呼び、世界中で読まれるようになりました。彼によれば、大衆の行動パターンが、①伝統指向型、②内部指向型、③他人指向型の三つに分類されます。指向とは、ものごとを判断する時に人々が基準とする起点と方向のことを意味しています。

まず①ですが、昔の人々は、何事も伝統にのっとって行動したというテーゼがそれです。今も消滅してしまったというわけではありません。ＩＴの時代においても、日本では家屋を造るとき、地鎮祭で祝詞奏上を神主さんにお願いしたりします。子どもが七歳、五歳、三歳になった時には、お宮参りをしたりします。一種の古くからの慣習が、あまり合理的な検証なしに続けられることもあります。

②の内部指向型は、中世キリスト教的なパターン、つまり自己の内部の理性的な判断でものごと

を決めようとするパターンを意味します。個人が自立しており、自己決定しているという意味ではありません。これは宗教心、つまり、自らの内面にある信仰心に基づいて決定していくパターンを意味しています。これも死滅しておらず、信仰心によって判断を決める人々がいます。

大衆社会の問題は③の他人指向型にあります。自己の行動パターンを決める時、まず横にいる他人を参照するというパターンです。街の人々(他人)が流行している服装を身に着けていると、自分も流行に遅れまいとして、第三者＝他人の立ち位置を模倣することで、自分の位置を決めようとすることがあります。流行、まさに時代の流行の最先端を走ろうとするパターンです。大衆(マス)社会になって、人々はマスメディアの情報に遅れまいとして、マス的、大量的に同時行動をすることがままあります。あえて言えば、自分というものがなく、他人の行動を模倣することで、自己決定をするのです。これは、まさに現代的な行動指向です。

リースマンは決してどれが好ましいかという結論を持っているわけではありません。大衆社会になって、みなが孤独になり、その結果、他人の動きに遅れないことで自己確認をしてしまうと言いたいのです。これが現代の特徴です。大量生産、大量消費のウラを支えているのが、この他人指向型行動パターンだと彼は分析しているのです。

この行動パターンは、単に社会現象に留まらず、政治現象にも及んできます。政治現象より社会現象により高い関心を払うため、消費文化や大衆文化に眼を奪われ、政治的無関心が増える基盤ともなってきます。ただ、他人指向ですから、俗にいうスター性のある政治家が出てくると、そのカリスマに魅力を感じ、大量投票にも結び付きます。これを「ポピュリズム」と呼びます。

さて日本が本格的な大衆社会を迎えたのはいつでしょうか。私はこれを一九六〇年代だとみなします。池田首相の提唱した国民所得倍増計画は、社会の需要を喚起したいというインフレ政策ですが、これこそ大量消費を前提にしているからです。一九六四年の東京オリンピック、新幹線の開通、一九七〇年の大阪万博の開催など一連のイベント、テレビやラジオの深夜番組の登場、女性誌に加えた男性誌の登場などマスが主役の時代に入りました。大衆社会、つまり他人指向型社会では、政治的関心が薄れ、目の前にある大量消費に目を奪われがちになると同時に、政治に関心をもつときにはカリスマ性のある政治家に飛びつくようになるわけです。

市民社会

次いで、市民社会に眼を向けます。市民社会はある意味で大衆社会と対立する概念と言えます。「日本は市民社会にならなければならない」というイデオロギー運動がこの第一期後期に起こっています。とくにいわゆる知識人やインテリが好む言い回しです。

さて思想的、歴史的に市民社会を論じるには、典型的な思想家としてのジョン・ロックまでさかのぼらなければなりません。ここでいう市民とは、とりわけ政治的に自己を確立し、自立して自己決定をする主体というイメージです。

大衆概念と異なり、市民概念は様々に論じられてきました。イギリスのオックスフォード大学出版会は、一〇〇ページ程度の「オープン・ユニバーシティ双書」をシリーズとして企画出版していますが、政治の基礎概念、例えば『自由主義』、『権力論』、『市民運動』などで一冊を編んでいます。その中に『市民』があります。この双書をもとに「市民」をカジュアルに定義してみましょう。

一般にある国の人々は機能や役割においていろいろなかたちで表現されています。選挙に際しては有権者、国家との関係では国民、自治体との関係では住民といった具合です。市民とは、このような有権者、国民、住民など機能的に表現される、諸権利を有する個人を包括する主体を表現した概念だと定義したいと思います。

市民そのものに、市民とは何かを規定するための物理的な物差しはありません。他方で、他の概念には、何らかの制限や物差しがあります。例えば、有権者には年齢制限があります。日本では一八歳以上が有権者です。国民といえば、その国の国籍を取得した人を意味します。住民とは厳密にいえば、ある自治体に住民登録をした人を指しています。

一見、市民とは都市住民を意味するようなイメージがありがちですが、市民の居住空間に制限はありません。この場合の市民とは、その地域に住んでいる人々を指す場合が多いだけです。実際、今日では「グローバル市民」といった表現もあります。個人が何らかの政治的主体性を担保しつつ、地球＝グローブ全体を地域として活動する人々のことを意味しています。

国民運動と言うと、ナショナリズムに近い含意を持っていますが、市民運動には、単にその地域だけではなく、国境を越えて他の国家の地域への連帯をも加味した運動を行う人々といった含意を持ちます。加えて、市民運動は、多くの場合、政府や自治体などの権力が提示する理念や政策に対抗して組織される意味合いがあります。個人で自立して考え、権力の言いなりにはならない、他人に簡単には追随しない、反権力的な基盤を担保しています。

市民の四類型

先の双書によれば、市民には四つの種類があるとされます。①消費者としての市民、②常連としての市民、③顧客としての市民、そして④市民としての市民、の四つです。①の消費者としての市民とは、単に行政が提供してくれるサービスを消費するだけの対象です。ゴミを捨てたり、水道を利用したりするだけの人々は、まさに消費者としての市民です。具体的にいえば、わたしの住んでいる福岡市は人口一五〇万人ですが、学生は一五万人住んでいると言われています。これらの若者は、四年間、福岡に滞在します、滞在した後は、就職にあたり、東京や大阪に移るケースが少なくありません。四年間の滞在中、学生はアルバイト人財としてはカウントできますが、基本的には消費するだけの市民です。総じて言えることは、若者が多く住む都市は、自治体が提供するサービスを消費するだけの市民が多いといえます。

②の常連としての市民は、①の消費者としての市民とやや異なり、自治体が提供する行政サービスを積極的に利用しようとする人々を指しています。具体的には、図書館を利用し、公民館で活動する人々を意味しています。ボランティアとして街の清掃に参加する人もいます。先ほど若者は

「消費者」といいましたが、少し言いすぎました。若者の「災害ボランティア」も増えています。二〇一六年に起きた熊本震災には多くの学生ボランティアが参加しています。これらの学生は「常連としての市民」としてカウントできます。図書館、公民館など公的施設で積極的に活動を行い、災害ボランティアに関与する。これを一時的ではなく、リピーターとして行えれば「常連としての市民」です。

③の顧客としての市民ですが、①の市民、②の市民よりも、さらに積極的に自治体に参加する人々のことです。例えば、自治体の様々な委員会のメンバーになったり、市政に対して積極的に発言する人々を意味しています。ただ市の行政に参加すると言っても、行政の要請に応じて応募することで初めて採用されて、各種委員会のメンバーになることができるので、数は圧倒的に少数です。またこの活動は、学生のような滞在者にではなく定住者に限定されてきます。年齢的にも、若者ではなく、中高年層が中心となってきます。しかし定住性を持った人々ですので、おのずと自治体との関係も緊密化し、長期化します。このようなカテゴリーに入る人々を「顧客としての市民」にカウントできるのです。

最後に④市民としての市民です。この市民の含意は、単に自治体サービスを利用し、市政に対して発言するだけではなく、自治体が抱える様々な問題に、積極的に責任を果たそうとする市民です。端的にいえば、責任市民です。まず義務として自治体選挙には、必ずと言っていいほど、投票に出かけたり、政治にかかわるボランティア活動にも参加します。逆に、自治体の施策に対する反対運動も行います。これは、滞在型、あるいは定住型とはあまり関係がありません。年齢層も様々です。「市民としての市民」は、自治体のサービス需要者であると同時に、自治体を動かそうとする関与を行うリピーターでもあります。とりわけ重要な点は、自治体の政策に対して、積極的な反対運動もできる人々です。

この反対運動を含めて、市民を組織化する、あるいは単に組織化されなくとも、個人で自己の意思を表明するという意味で、責任を持って自治体と対峙していくことも辞さない人々こそ、「市民としての市民」なのです。

有権者としての市民と大衆、分権化

ここで、市民と有権者の関係について話をすすめます。政治における、いや選挙における市民像とは、この最後の④の市民としての市民を、私たちは安易に想定してしまうのです。投票率が低いことを嘆く、あるいは政治や選挙に無関心だと嘆く、その嘆きは実は無意識に、すべての市民が「市民としての市民」でなければならないという幻想から生まれています。

市民に倣えば、実は有権者も四つに区分できます。このとき大衆社会の枠組が意味を持ってきます。①と②は「大衆」的な市民と整理できるからです。③と④は、本来イメージされているような「市民」にあたる概念としていいでしょう。ここで、有権者を大衆と市民に区分できることになります。

市民性を備えた市民、すなわち、類型でいえば③や④の市民＝有権者を考える時、忘れてはならないのは、アメリカの有権者です。アメリカの有権者年齢はかつて二一歳以上でした。今から五〇年ほど前、アメリカがベトナム戦争の真っただ中の時代です。当時はまだ徴兵制度でした。徴兵は一八歳以上の若者に課されていましたが、投票権は二〇歳からでした。生命を賭して戦争に赴くのに、政治に意思を表明する権利が与えられていないとして、若者たちが一八歳での投票権を求め始めました。その結果、アメリカでは以後、一八歳に投票年齢が下げられました。この一連の行動の中には、「有権者＝市民としての市民」イメージが重なりあいます。

ただ、ここで定義した大衆と市民は理念型にすぎません。わたしたちは、投票率が低いとき、メディアも含めて、ともすれば有権者が④の市民性を備えた人々を想定して議論をします。しかし、それは理想化された有権者像であって、実際、市民型の特徴を備えた人であっても、支持政党がないので、投票に行かないというケースも存在します。言い換えれば、選挙に関心のない人も、投票に行かない人も、同じ有権者として最初から理解すべきなのです。

確認しておかなければならない点は、大衆であれ市民であれ、有権者そのものが流動化していることです。大衆社会においては、自己意識の弱い人々の流動化、市民社会においては、自己意識の強い人々の流動化です。市民としての自覚が強いか弱いかとは、関係なく、つねに固定化してある一定の政党を支持する訳ではないという意味での「流動化」です。当然、大衆社会であれ市民社会であれ、流動化が進めば投票率の低下につながっていきます。

第二期（一九九〇年〜現在）に入り、分権型社会が登場したことが事態を複雑にします。ここでいう「分権」とは地方分権を意味しているのではなく、ナショナル文化がローカル文化に変容していく過程を意味します。やや卑俗な例ですが、ナショナル・アイドルは松田聖子が最後で、もはやナショナル・アイドルが消滅したというようなニュアンスです。わかりやすいのは、ＡＫＢ48でしょう。これは秋葉原文化を象徴しているだけでナショナルなようで実はナショナルではありません。たとえば福岡、博多では博多ローカルを舞台にＨＫＢ48が活動しています。ほかの地域でも同じです。一種の文化のコンビニ化とでもいえます。東京という大都会にいるナショナルなアイドルは遠い存在ですが、身近にあるコンビニにアイドルがいるという現象です。東京対地方＝田舎という構図ではなく、地方でもコンビニが近ければ田舎ではなく、「都会」だという文化と整理できます。

ナショナル・アイドルが存在した時代は、お山の頂点に東京があり、ローカルはその裾野でした。しかしコンビニ文化は、日本のこのヒエラルヒーを一変させました。コンビニに行けば、全国共通の商品やサービスが手に入るのです。日本全体を平準化していったのは、このコンビニ文化だといって過言ではありません。アイドルもコンビニ・アイドルの方がもてはやされ、地域でのローカル・アイドルになれば十分なのです。これも卑近な例ですが、わたしたちはふるさと自慢の料理を競い合うＢ１グランプリを見ていますが、全国レベルのＡランクのグランプリを見ていないのです。ローカルのＢランクでいい。その中でグランプリを目指すのです。Ｂ級グルメとコンビニは同じ分権型社会の時代的象徴です。

この分権型社会（ローカル文化社会）は、人々が身近なものに関心を強める、いわゆる私生活中心社会を生み出します。そして豊かな生活と思える現状を維持することが前提になりますから、保守的になります。いわば私生活保守主義とでも呼べますが、政治や政策そのものへの関心は遠ざかりますし、政治をむしろエンターテインメントとして楽しむ傾向が生まれます。安倍首相が若者に投票の際、人気があるのもこれが影響しているようです。下野したころ、首相はお茶の間番組によく出ており、そのひょうきんさで結構、笑いをとっていました。安倍首相はローカル・アイドルとしての資質をもっていたのかもしれません。投票率との関係ですが、政治がドラマ化すれば上がる、そうでなければ下がるという相関があるように思います。

では、投票率ではなく、政党支持の類型はどのように変化しているのでしょうか。政党支持の類型についてみていきましょう。

固定化された投票行動

第一期前期、世界は冷戦でアメリカ陣営とソ連陣営に分かれ、イデオロギー対立が顕著でした。資本主義か社会主義か、前者は個人的所有と市場経済、後者は社会的所有と計画経済の理念型に基づき、後者では資本は労働を搾取するものとして認めませんでした。また前者が政治的には自由を基本としたのに対して、後者は平等に重点を置きました。自民党ができた一九五五年当時は、日本の政治は保守対革新の構図で二分され、前章でみたように体制選択パスによる選択が軸となっていました。

第一期後期（一九六〇〜九〇年）では、民社党や公明党など中道政党ができた後でも、この政党の範囲でしか、有権者に選択肢は与えられてこなかったことはすでに見た通りです。ただ例外的に、既成政党にとらわれず、市民運動の中から候補者を出して、国会に市民派議員を送り出そうとした試みもありました。後に民主党政権時代に首相になる菅直人のキャリアはその典型で、市民運動家から国会議員へ転身しました。辻本清美議員などもそうです。一九八〇年代に国際交流を目指す青年の船の旅「ピースボート」を組織し、一世を風靡した後、一九九六年に政治家に転身しました。とはいえ、この市民派議員は、組織力、資金力、動員力などにおいて十分な力を持ちえたとは言えませんでした。

第一期では、有権者は何らかのかたちで、体制選択についての指向を潜在的に、もしくは顕在的に持っていたといえます。実際、学生運動や労働運動も盛んで、彼らの多くは少なからず、社会主義に傾斜していました。

ただ現実的には、日本に社会主義政権が実現する可能性はほぼありませんでした。一時期、一九五五年体制以前に、社会党首班の片山哲内閣（一九四七年五月〜一九四八年三月）が誕生したとき、可能性はあったかもしれません。ただ一九五五年体制以降は、その可能性はなくなりました。

一九六〇年代に入ると、共産党が暴力革命を否定し、平和的な革命の道を志向し始めたこと、社会主義の本家ソ連で資本主義と社会主義の「平和共存」論がでてきたこともあり、一九五〇年代までの激しいイデオロギー論争が次第に影をひそめていきます。体制選択パスの二項対立が弱まっていく時期ともいえますが、一九七〇年代、八〇年代における自民党と社会党の、総選挙の結果に占める議席数の変化でこれを追ってみます（図表4-3）。

一瞥して、与野党の固定化が見て取れますが、これは有権者の投票行動の固定化を意味します。すでに大衆社会状況に入り、政治的に関心が薄い有権者も多いはずですし、心理的流動化の時期に入っているのですが、政党の選択肢が限られているため、既成政党への支持が固定化されていたのです。この条件の中で生まれたのが浮動票という概念です。

図表 4-3　自民と社会の総選挙における獲得議席

	自民党	社会党	
1972 年	271	118	
1976 年	249	123	（自民，初の単独過半数割れ）
1979 年	238	107	
1980 年	284	107	（初の衆参同日選）
1983 年	250	112	
1986 年	304	85	（社会の二桁）
1990 年	275	136	（自民の追加公認は除く）

浮動票を取り込め

具体的に見ていきます。ある有権者が政党Aを支持したとしましょう。しかし、選挙の際の選択としては、有権者のもつ心理的流動化もあり、政党Aに投票に行くか行かないかの選択しかありません。この有権者が異なる政党Bに投票することなどほとんどなかったのです。政党が固定化されているので、有権者の意識が多少流動化していても、投票にいかないという選択肢はあったとしても、投票先は固定化されていました。

この状況下にある有権者の票を浮動票と呼びます。支持政党が固定化

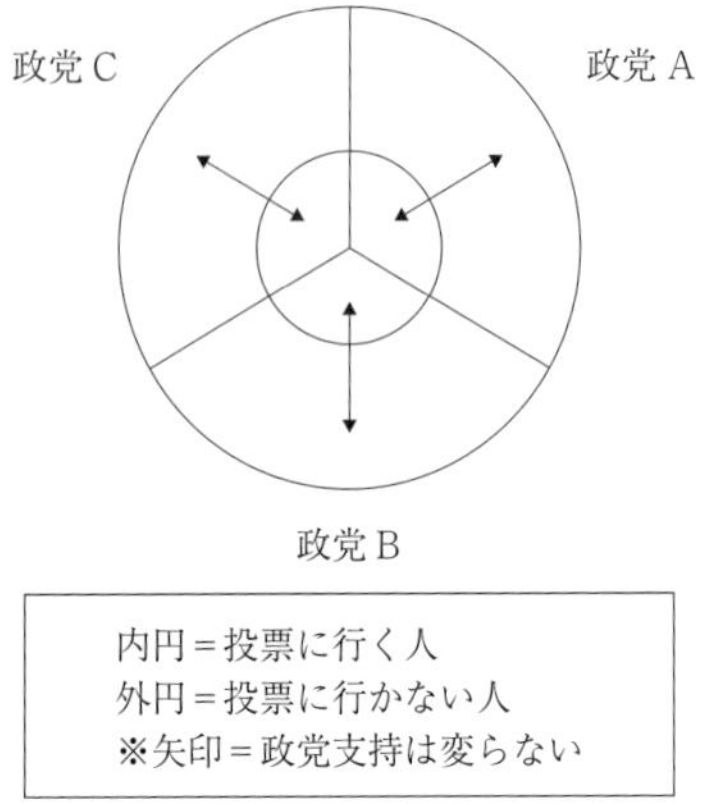

図表4-4　「浮動票層」有権者の投票パターン

されている状況で、有権者が投票に行けば票が増え、行かなければ減るわけです。必ず投票に行く確信的支持者と、場合によっては投票に行かない潜在的支持者が分かれるのです。まさに票が「浮いている」のです。

社会党が政権を執る可能性がない状況ですから、自民党内では自分の派閥から総裁を出したいという願望が生まれます。その結果、自民党各派閥の選挙戦略は、社会党や共産党を攻撃するのではなく、いかに自民党の上に「浮いている」層、すなわち浮動票を自分の派閥の候補者に投票させるかということになります。要するに、敵は野党ではなく、浮動している有権者をどれだけ選挙に動員できるかがポイントになるわけです。

この時代の有権者の行動パターンを図示しておきましょう。無党派層との相違を明示するために、まず浮動票層を図示しておくことにします（図表4-4）。

この図からも明らかなように、有権者は投票に出かけるかどうかの選択肢を持っていましたが、政党支持を変えるという選択行動はほぼなかったわけです。

生活選択パスと浮動票

一九八五年にソ連の指導者となったゴルバチョフがペレストロイカという、旧来の体制やイデオロギーに対する改革を始めてから時代が動きます。一九八九年には、それまで米ソ冷戦の象徴ともみなされていたドイツ・ベルリンの壁が壊され、分断されていた東西ドイツが統一に向かいます。一九九一年にはソ連そのものが一五の共和国へと解体します。脱社会主義の市場経済に向けた移行期の始まりです。中国もまた一九九〇年代に入ると、政治的には社会主義を維持しますが、経済的には市場経済へと大きくシフトします。

有権者にとっても、資本主義か社会主義かといった体制選択は過去のものとなりました。多くの有権者たちが自民党に投票する傾向が一層強くなってきました。こうなると自民党の政策についての注目が高まり、それが選択の争点となっていきます。そして自民党が推しすすめる公共事業がますます有権者の関心を引くことになります。なぜなら、この公共事業によって有権者の生活はより豊かになってきたからです。

ここで政党支持の変化が起きるのです。前章の言葉を借りれば、体制選択パスではなく、生活選択パスに重点が置かれます。政策選択の意味が大きく変わりました。それをもっとも顕著に示したのが、一九八九年に導入された消費税の問題でした。竹下内閣の下で、消費税が導入されることになりました。当初、三パーセントでしたが、国民にとって大型の間接税導入は初めての経験となります。いわば、イデオロギーではなく生活にかかわる政策が選挙の主要な争点となったのです。

消費税分だけ、物価が上がることになりますから、これは売上の減少につながりかねません。ポイントはこれを有権者がどのように受け止めるかです。商店街の人々は、もちろん市場経済のなかで暮らしていますから、その多数は自民党を支持していたと言っていいでしょう。しかし、彼らは売上減少につながりかねない、消費税に激しく反発します。自民党を支持しないという選択がここで生まれたのです。彼らは、自民党を支持したい、しかし消費税に反対したい、どうしたらいいのか真剣に迷いました。そして生活が大事だと結論します。ここでいままで自民党支持者であった人々の多くが、ついに野党、社会党に投票するのです。

一九八九年七月の参議院議員選挙で、自民党は惨敗し、結党以来初めて参議院での過半数確保に至りませんでした。その結果、選挙前に退任した竹下を継いだ宇野宗佑首相は選挙の敗北の責任を取り、辞任します。自民党に忠誠を誓ってきた人々がその心を失った瞬間となりました。

第一期で固定化されていた有権者の政党支持の流動化が始まりました。一度、自民党以外の政党、例えば、社会党や共産党に投票してみると、野党に投票することに違和感がなくなっていきます。結果として、党派に固執しない無党派層が一挙に拡大しました。ある選挙では、政党Aに投票するが、次の選挙では、政党Bに投票という行動パターンが生まれたのです。

政党支持の流動化は一つの政党への忠誠心の低下を意味しますから、そもそも支持政党なしという意見を持つ人々も増えてきます。この時期、いわゆるこの無党派層が有権者の三〇パーセント前後を占めるようになりました。この現象は「政治離れ」、「政党離れ」と呼ばれますが、この無党派層の行動パターンを図示しておけば、図表4-5のようになります。

無党派と浮動票の違い

ただし、ここで浮動票層と無党派層の相違について留意する必要があります。これを図表4-6に整理しておきます。

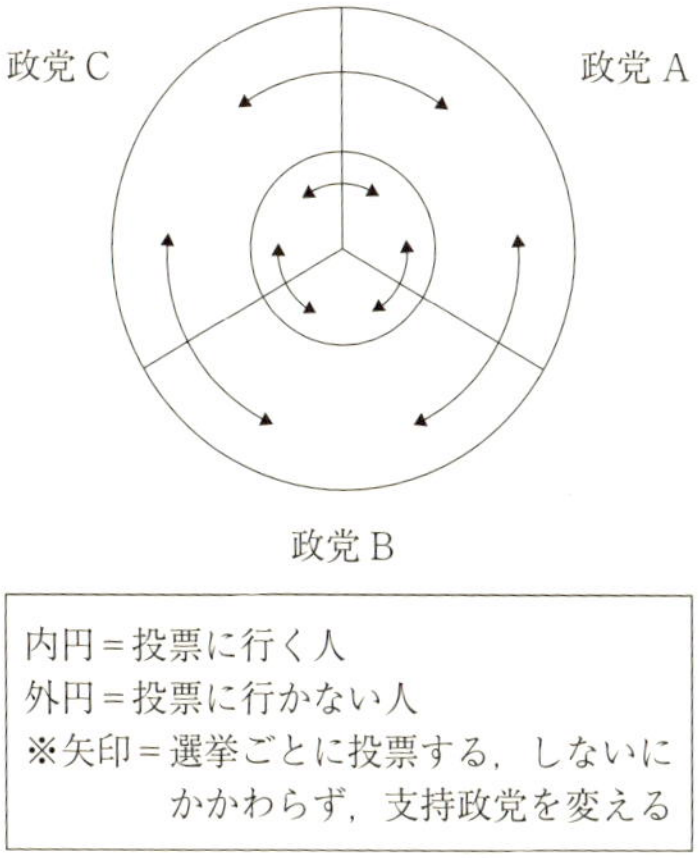

図表4-5　「無党派層」有権者の投票パターン

図表4-6　「浮動票層」と「無党派層」の相違

	政党支持	政党への忠誠心
浮動票層	基本的に同じ	堅持
無党派層	選挙ごとに異なる	皆無に近い

ここで注目しなければならないのは、有権者の投票行動の柔軟化、多様化に呼応して、その受け皿、つまり有権者が投票の対象とする政党が続々誕生したという事実です。すでに紹介したように、一九九〇年代に入ると、日本新党、新生党、新党さきがけ、など多くの新党ができましたが、二〇〇九年に政権をとる民主党もこの新党ブームの延長線上にあり、一九九六年に結成されました。

新党ブームこそ政権交代、つまり自民党の政権喪失と密接に関係しているのです。最初は一九九三年の総選挙のときの新党ブームです。自民党はこの選挙で過半数を取れませんでしたが、それでも二二三議席を獲得していますので、もし他の野党と連立すれば、政権維持は理論上、可能でした。しかし、日本新党、新生党などの七つの党と一つの会派が細川を首班とした連立政権をつくり、自民党外しを行ったため、自民党は野に下らざるをえませんでした。

有権者の立場から見れば、この選挙で自民党は過半数を獲得できなかったとしても、自民党は第一党ですから、相対的に見れば、有権者の多数はまだ自民党を支持していました。言い換えれば、国民の相対多数が自民党支持であったにもかかわらず、政権交代が起きたと言えます。

二回目は二〇〇九年の総選挙です。ここでは、圧倒的に有権者が民主党を支持し、民主党は三〇六議席を獲得しました。自民党は二度目の政権喪失の経験をします。もちろん、この選挙による政権交代も一夜にして起きたことではありません。すでに述べたように、議員政党から出発した民主党でしたが、徐々に力を蓄え、二〇〇三年の総選挙では、政権を取りに行ける組織政党に成長していたからです。

にもかかわらず、無党派層時代の選挙結果の予測はかなり困難です。二〇〇五年には、小泉首相が郵政民営化だけに争点を絞った、俗にいう郵政選挙を実施しましたが、自民党は二九六議席を獲得し圧勝します。しかし、それからわずか四年後の二〇〇九年に、今度は民主党が三〇八議席を獲得し、さらに三年後の二〇一二年には、安倍自民党が約三〇〇の議席を獲得するのです。

二〇〇五年　自民　二九六議席　民主　一一三議席　（自民圧勝）
二〇〇九年　民主　三〇八議席　自民　一一九議席　（民主圧勝）
二〇一二年　自民　二九四議席　民主　五七議席　（自民圧勝）

衆議院選挙だけをみれば、少なくとも無党派層は選挙ごとに投票する政党を変えているとみなせます。それも小さい変化ではなく、四八〇議席（二〇〇九年段階の衆院議席）の中の約三〇〇議席を別の政党にとらせるという投票行動なのです。第一期の浮動票層が中心であった時代には、このような現象が起きることなど想像さえできませんでした。これは政党への忠誠心などまったくない無党派層時代のなせる技なのです。

現在では、支持政党なしとする有権者が五〇パーセント近くまで増えました。支持政党なしが五〇パーセント、投票率が五〇パーセントを切る時代に、有権者総数約九〇〇〇万人の投票行動はとても流動的です。その意味では、自民党政権であれ、きわめて脆弱な支持基盤しか持ち得ていないのです。選挙への勝利とはもはや低い投票率の中での相対的勝利であるにすぎません。

流動化する有権者

第二期においては、有権者の受け皿となる政党が多元化したことで、投票対象を得た有権者の投票行動も流動化していきます。二〇一七年に行われた総選挙では、野党の離合集散が加速化し、立憲民主党、希望の党、日本維新の会などが乱立しました。有権者の流動化をさらに補完したふたつの要因のうちひとつが、ポピュリズムです（大嶽秀夫『日本型ポピュリズム』）。このポピュリズムを最初に利用したのは中曽根首相ですが、もっともうまく活用したのが、小泉首相でした。郵政民営化に反対する前自民党系立候補者の選挙区に、積極的に刺客を送りこみました。地元とは関係のない候補者が、人気がある、有名であるというだけで、当該選挙区に舞い降りてきて、勝利するのです。

この手法を使って、二〇一七年の東京都議選に圧倒的な勝利をもたらした小池百合子都知事は、このパターンを総選挙に持ち込もうとして、希望の党を立ち上げ、民進党の吸収を図ろうと模索しました。しかし、「左派」を排除しようとしたことが、世論の反発を呼び、敗北を喫することになります。しかし、政権交代を目的にするかぎり、組織政党化が必要ですから、急ごしらえの希望の党では、数はそろったものの、組織的基盤ができていませんでしたから、選挙で勝ったとしても結果は同じだったように思います。

読者にとってはもう過去の話のように響くかもしれませんが、このとき小池は、政権交代のためには、候補者段階で小選挙区すべてに候補者を立て、候補者の数を過半数以上にそろえなければ、そもそも勝負にさえならないということは理解していました。これが組織政党の基本であることは今一度、強調しておきたいものです。

さて、もうひとつの要因とは、流動化が意味する別の側面です。いままで流動化とは、意識の流動化を中心に議論してきましたが、地理的な流動化も第二期では大きなインパクトをもっています。これは国内における「移民」の問題です。例えば、福岡市のある選挙区では、立候補者が選挙の度に葉書を出しても、一〇万通のうち二～三万通は、住所変更で戻ってくるそうです。有権者はずっと同じ場所に住んでいるわけではないのです。産業構造の変化に応じて、人の移動が活発化してきました。

これは案外、見落とされている問題です。宅地開発や転勤、派遣労働などさまざまな理由で、有権者は移動します。投票率の低下も、この移動である程度説明することができます。人口減少の中にあって、それぞれの自治体の中心部に人は、移動しているのです。

端的にいえば、心理的な流動化と地理的な流動化が相まって、ますます無党派層を拡大させているると整理できます。これは、新しい政党をつくることを困難にし、すでに確固として存在する組織政党である自民党優位へと政治を導きます。もちろん自民党といえども、この流動化する有権者に支えられている以上、流動化によってその支持者が飲み込まれるケースもありえます。

本章では有権者を投票率と政党支持の二つの観点から分析をしてきましたが、大衆社会、市民社会、そして分権型社会のどの類型を見ても、投票率が低下していることを分析しました。同時に政党支持も浮動票層と無党派層の時代を通じて流動化していることがわかりました。これが現在の日本政治における有権者像です。そしてポピュリズムの横行です。「小泉チルドレン」、「小沢ガールズ」、そして「安倍チルドレン」などという言葉が続いていることに象徴されます。

しかしながら、キャリアのない新人がにわか政治家になり、これは選挙に利用されるわけですが、代議士になってしまうと、この「チルドレン」たちは次の選挙では魅力が色あせ、一部の例外を除いて、ポピュリズムがうまく機能しないようになります。再選が困難な場合も少なくありません。これは政治を劣化させただけに終わらせることになります。かつては新人代議士を、自民党の場合では、派閥が面倒を見て、教育もしたものです。小選挙区制にあっては、党公認を決めるのは党本部であり、派閥なき自民党は新人教育機能を喪失したと言えます。

結局、政治の未来のためには、時間をかけて足元から、地元から、選挙区から候補者を積み上げていかなければならないと思われます。「チルドレン」政党に希望はありません。有権者は自ら選挙の対象を選べません。政党という受け皿があって選べるのですから、政党を待っているともいえます。有権者は受け皿を常に待っており、新しい動きに飛びつきます。しかし数はあっても実態がともなわない候補者ばかりだと急速に離れるのです。

自民党が長期政権にあるのも、有権者の受け皿として野党が十分に機能してこなかった点にあります。あくまでも有権者は政党が提示した枠の中でしか、自己表現、自己実現をすることができないのです。この有権者と政党の関係は、現代日本政治を再考する際に忘れられてはならない原理です。

第五章　外　交——安保と憲法

日本外交の再起動と憲法問題

最後に日本の外交問題をとりあげなければなりません。今までの各章は、国内政治の問題でしたが、この章では戦後日本はどのような対外政策を取ってきたのかについて、焦点を当てます。憲法もとりあげます。憲法問題は確かに日本の国内政治です。しかし、日本の今の憲法は必ずしも日本が自ら作り上げたものではありません。第二次大戦の敗戦プロセスのもとで民主化をもたらした米国の影響を強く受けて制定されました。従って、日本の憲法問題は同時に外交、特に日米関係、安保問題との結びつきのなかで議論されなければその実相がつかめません。

その憲法のなかでもとくに論点となるのが、第九条です。第九条は日本の武装を禁じ、交戦権を否定しており、平和憲法と呼ばれます。条文をそのまま読むのならば、自衛隊という武力組織を日本が保持することはできないはずです。しかし、今の日本では国民の多数が自衛隊の存在を容認するとともに、ある条件の下では交戦権すら容認しています。これは憲法を変えずに、解釈を通じて自民党政権が現実にあわせて運用を積み重ねた結果です。一九五五年体制下、政権党たる自民党がいわゆるこの解釈改憲を積み重ねて、日米安保や自衛隊の強化・拡大に邁進する一方、社会党、共産党など野党は長年、これに反対し、極論においては安保破棄、自衛隊廃止、穏健な場合には安保見直し、自衛隊の縮小を唱えてきました。

しかし、安倍政権が一九五五年体制以降初めて、与党が衆参両院で憲法改正を発議できる議席を獲得したこと、また安倍首相個人が九条改正を悲願としてこの課題に強く踏み出そうという意思を堅持していることで、憲法改正問題がアジェンダに上ってきました。

戦後日本外交の起点は「吉田ドクトリン」にあります。吉田ドクトリンとは、一言でいえば、日米安保体制の下、憲法第九条を堅持する路線です。言い換えれば、日本の安全保障を基本的に米国に任せる一方で、日本は軽武装にとどまるという路線です。ではその歴史を概観します。

一九四六年、新しい憲法が成立するにあたり、国会ではさまざまな議論がなされました。興味深いやりとりを紹介します。当時、共産党の衆議院議員であった野坂参三が自由党の吉田茂首相に対し、侵略された国が自国を守るための戦争は正しいのではないかと問うと、吉田首相は、近年の戦争の多くは国家防衛権の名において行われており、正当防衛権を認めること自身が有害だと答えたのです(添谷芳秀『日本の「ミドルパワー」外交』)。これは日本の経済復興に力点を置くとともに軽武装にとどまり、安全保障はアメリカに依拠しようとした考えを明確に打ち出したものです。常識的に考えれば、交戦権を持たないで自衛権が果たして行使できるのか、という問いが生まれますし、交戦権を持たないのなら、自衛のための交戦権を認めている国際連合にも加盟すべきではないということにならないかといった意見さえ出ました。他方で吉田首相は、一九五一年に実質的に交戦権の行使を前提とした日米安保条約を結びました。このときの日米安保(旧安保)は米国が日本の片務的な防衛義務を持ち、日本が米軍に基地を提供するという内容です。日本は米国を守る義務はありませんが、米国にはあるのです。いずれにせよ、これは有事の想定ですから、日本の交戦権が前提になっていなければ成立しない条約です。

その後、岸首相のもと、安保改定(新安保)がなされ、極東においては日米ともに防衛義務があることが明記されるなど日米安保体制が拡大・深化するにつれ、自衛権が自衛のための交戦権を含むというのはほぼ常識になりました。にもかかわらず、交戦権の解釈にはいまだ幅があります。厳密に解釈して憲法九条を本来の趣旨に近づけ、武力行使にできる限り制約を課そうとするグループと、逆に交戦権を広く解釈して日米安保をさらに様々な次元で拡大していこうとするグループが自民党内部で対立軸となってきたからです。図式化すれば、福田赳夫がつくった清和会の流れは後者で、森―小泉―安倍と近年よく首相を輩出しています。前者は池田勇人がつくった宏池会系です。大平―鈴木善幸―宮沢―岸田という流れです。最近でいえば、認められるべき自衛権に集団的自衛権を含むか否かで慎重な姿勢を崩しませんでした。

さてこのような安保と憲法について関心を持ちながら外交を語ろうというのが本章の目的ですが、まず日本外交が戦後どのように再構築されてきたか見てみましょう。

平和条約、日米安保、日ソ国交回復

いわゆる太平洋戦争の主たる敵はアメリカでした。そして日本を敗戦に追い込み、占領したのもアメリカです。従って、アメリカとの関係をどのようにするのかが日本にとって最重要の課題となります。日本が独立を回復した一九五一年のサンフランシスコ講和会議がその出発点です。これは保守合同以前の出来事ですが、戦後日本外交の起点であり、また自民党外交の前提となるものですから、避けて通ることはできません。

アメリカは実は日本が二度と戦争をしない、できない国に作り替えようと考えていました。日本国憲法第九条もいわばそういう思想と目的のもとで基本的にアメリカから持ち込まれたものでした。しかし、米ソ対立によりヨーロッパでいわゆる冷戦が勃発するとアメリカの政策が動きます。とくに一九四九年、中華人民共和国が成立し、一九五〇年六月、朝鮮民主主義人民共和国(北朝鮮)の韓国侵攻にともない朝鮮戦争が勃発すると、東北アジアにも冷戦の構造が拡大します。

アメリカはこれを受け、極東戦略を変え、韓国を死守するとともに、日本の位置づけを見直します。アメリカは日本の主権回復、独立を急ぎ、社会主義や左翼勢力に対抗する「反共の砦」とすることに精力を傾けます。国内的にはいわゆる「レッドパージ」の始まりです。それまでマッカーサーら占領軍は、大日本帝国のくびきから社会を救った「解放軍」とみなされていましたが、戦前の政治家に向かっていた処罰や弾圧がここで急転し、ターゲットが共産党や労働組合に向けられるからです。のちに首相になる鳩山や岸が政界に復帰します。

さて講和会議に話を戻しましょう。この会議はアメリカ主導の下で終始進められました。ソ連は講和会議に出席していましたが、中国の代表権をめぐって中華人民共和国とすることに固執したこともあり、サンフランシスコ平和条約調印をボイコットします。中国の代表にいたっては、代表権問題がまとまらず、革命前に政権を担っていた中華民国の代表さえも招致されないまま、中国抜きで審議は進められました。国内では、ソ連抜きの平和条約締結は部分講和であり、全面講和を要求する左翼勢力が政治運動を組織しますが、米軍のもとで抑え込まれます。このように、内外に軋轢を残したものの、とにもかくにも日本は主権をここで回復します。問題はここからです。アメリカは占領軍をそのまま日本に常駐させる目的のため、平和条約と同時に日米安保条約を日本に結ばせました。もちろん、ときの日本政府がＮＯと言えるはずもありません。こうして平和憲法と安保条約、いずれも米国が日本に持ち込んだものですが、この両輪が形成されました。以後、これが日本外交の前提となるともに、冒頭で述べたようにこの平和と戦争という一見矛盾する政策を両立させようとしたのが先にみた吉田ドクトリンとなるのです。さらにつけ加えれば、吉田ドクトリンは交戦権を否定するなど軽武装に傾斜しますので、アメリカへの軍事的依存がより強くなり、親米的な外交政策を展開することにつながります。これはどれだけ対等な関係から遠かろうとも、日本の未来はアメリカとともにしかありえない、と考えた吉田の信念でもありました。

しかしながら、サンフランシスコ平和条約が部分講和に終わったことで、次にソ連との平和条約締結が課題となります。アメリカに対して戦後厳しい政策をとっていたソ連共産党書記長スターリンが死去し、一九五〇年代半ばに資本主義との平和共存を掲げるフルシチョフが後継者となったこと、吉田が首相を引き、反吉田の急先鋒であり、その対米一辺倒の外交に反発していた鳩山一郎が首相についたことで、日ソ間の条約締結に向けた機運が高まります。

ただし、日本とソ連の戦争の経緯はやや複雑です。日米開戦に先立ち、一九四一年四月に日本はソ連と中立条約を結んでいたからです。実際、ヨーロッパの戦争と異なり、ソ連はアジアの対日戦争にはほとんどかかわってきませんでした。この条約の有効期間は五年でしたが、ソ連は継続しない旨を通告します。しかし、ソ連が対日参戦したのは一九四五年八月八日であり、いわばまだ有効な条約を一方的に無視して、満州侵攻を始めたのです。もっとも、ソ連参戦を強く要求してきたのはアメリカでした。二月のヤルタ会談がそれです。ソ連の参戦が早まったのは、米国大統領がソ連との関係を重視していたローズベルトの死去により、共産主義に厳しいトルーマンに変わったこと、さらにはトルーマンが原爆を広島に投下したことで、ソ連参戦前に日本が降伏する可能性が生まれ、ソ連の取り分(南樺太や千島諸島など)が無に帰すことをスターリンが恐れたことなどがあげられます。一つ言えることは、この段階でソ連はすでに米英の側に引き寄せられていたことを当時の日本指導部は察知できず、最後までスターリン元帥の仲介によって戦争を日本に多少なりとも有利なかたちで終わらせることができると信じていたことでした。日本外交の能力の欠如が露呈していました。

この点は日本がなぜポツダム宣言を最終的に受け入れ、無条件降伏の敗戦となったのかを理解する点で重要です。アメリカの立場を重視する見方は、原爆による日本降服論です。原爆をアメリカが落としたから、日本は降伏し、本土への米軍上陸戦が避けられ、被害が小さくすんだという考え方があります。これと異なるのが、ソ連の参戦が日本の敗戦受諾にとってより決定的だったという意見です。どちらが説得力をもつのか、ここでは踏み込みませんので、みなさんで考えてみてください。前者であればアメリカの原爆投下をエクスキュースする効果があります。後者であればソ連の条約無視による突然の侵攻に対する非難をある程度、緩和するかもしれません。しかし、広島ではなく、その後の長崎への原爆投下は、日本の敗戦をめぐる政策決定にほとんど影響を与えていません。少なくとも長崎原爆は戦争終結には結びついていない（まったく不必要な）攻撃であったことは多くの資料が証明しています（長谷川毅『暗闘』）。

いずれにしろ、経緯はともあれ、交戦国となったソ連とも平和条約が必要です。一九五五年からロンドンで日ソ交渉が始まり、モスクワ交渉を経て、一九五六年一〇月に鳩山一郎がモスクワに出かけフルシチョフと交渉を行い、共同宣言が発表されます。これで日ソの国交が樹立され、外交関係が復活します。日本の国連加盟をソ連も支持し、ここに日本は国連のメンバーともなることができました。

当初、この交渉はあくまで平和条約の締結を目指したものでした。だが択捉、国後、色丹などソ連が占領した南千島の帰属問題を解決できずに、それは果たせませんでした。本書ではその交渉の内実について議論するスペースはありませんが、この三島に歯舞群島を加えた北方四島は「北方領土」と後に呼ばれ、日ソ間の懸案の領土問題としてクローズアップされていきます。ソ連が解体し、ロシアになった後も問題は残り、ロシアが支配したまま今日まで続いています。お互いが交渉の基礎に置こうとする日ソ共同宣言には、平和条約締結後にソ連は色丹、歯舞を日本に引き渡すとありますが、いまだ道筋は定かではありません(岩下明裕『北方領土・竹島・尖閣』)。

韓国・中国との「和解」

ソ連に次いで、日本が国交を正常化したのが韓国です。米ソと異なり、韓国は日本が植民地支配した国であるため、サンフランシスコ講和会議に韓国の席はありませんでした。そしてこの会議は朝鮮戦争の最中でした。しかし、諸国民の平和や民族の自決をうたう国連憲章を受け入れ、国際社会に復帰した日本は、植民地時代への日本の反省も含め、韓国との関係を作り直す必要がありました。一九五三年の朝鮮戦争休戦を経て、北東アジアの安定化を模索するアメリカの精力的な仲介により、朴正熙《パクチョンヒ》大統領のもと朝鮮戦争の荒廃から脱却し、経済発展を目指す韓国との間で基本条約を締結するに至ります。韓国にとってみれば、植民地問題もありますが、朝鮮戦争時に日本がアメリカからの軍事物資生産受注(特需)によって経済復興をなしたことも愉快ではなく、日韓には歴史的、経済的、そして感情的な問題が根強く続いていたといえます。

日韓基本条約の締結まで八回の予備会談が実施されました。最終的には一九六五年六月に締結されるのですが、その主な内容は、①韓国を朝鮮半島の唯一の合法的政府と認めること、②無償三億ドル、有償二億ドルの借款を韓国に提供することを認めることでした。この条約によって、日本企業の韓国進出も拡大します。

次は中華人民共和国との関係です。戦後の日本は、国共内戦で敗れ、台湾に逃げ込んだ中華民国との関係を重視していました。それは中華民国が戦前からの政府であるとともに、その拠点を台北に移したことにもあります。台湾は日清戦争以来の日本の旧植民地でしたが、日本に深く統合されていたこともあり、韓国とは異なる対日感情ももっていました。とくに国民党の蔣介石政権が台湾に入った後、現地の住民を虐殺し、弾圧したことも、あくまで日本が支配した他の地域との比較の問題ですが、日本への感情を好転させた一因でした。いずれにせよ、反共という観点から政治的には米国とともに台湾が主要なパートナーであり、日本は一九五二年に台湾との平和条約を結んでいます。

しかし、同時に日本の実業界、自民党の政治家のなかでも大陸を支配する中国共産党との関係を重視する勢力がありました。日本は長年の満州支配、そして中国侵略の歴史を有しており、様々な経済的な資産も含む関係を大陸にもっていました。経済的な利益を考えれば、中華人民共和国との関係もつくりたかったのが本音と言えます。政治的な時代背景により、これはかないませんから、一九五二年には日中貿易促進会議をつくり、一九六二年には国交がない状況を踏まえ、連絡事務所を通じて政府保証の融資を行う半官半民のＬＴ貿易に踏み込むなど、経済的なつながりを復活させる方向でアプローチしていました。そのとき晴天の霹靂が起こります。アメリカは、一九七二年、それまで敵対していた大陸中国の首都北京にニクソン大統領が訪問しました。誰にとっても衝撃的なニュースでした。その背後にはベトナム戦争があったと言えます。アメリカは北ベトナムを支援している中国と和平を結ぶことで、ベトナム戦争での中国との関係を調整しようとしました。これはいわば、展望が見えなくなりつつあった、泥沼化したベトナム戦争からアメリカが撤退する布石となりました。

これは日本にとってチャンスとなりました。中国（中華人民共和国）との和解の好機ととらえた田中角栄首相は、ニクソン訪中のおよそ半年後の九月に、北京に飛び、日中共同声明に署名します（この急転回を足場に一九七八年には日中平和友好条約が締結されます）。この田中の行動は、ともすればアメリカ追随とされる日本外交にあっては、例外的にアメリカ寄りを飛び越えて外交を成功させた事例です。実はイギリスは一九五〇年に、台湾とは領事関係を維持しながらも、中国を承認しており、サンフランシスコ講和会議では中華人民共和国を代表とすべきと主張していました。対照的にアメリカが正式に中国と国交を正常化したのは、カーター政権下の一九七九年までまたねばなりません。付言すれば、このときの田中の独走が、米国の不信を招き、ロッキード事件で田中を見放していく、米国の対応の伏線になっています。

非核三原則と沖縄返還

国交回復や平和条約にかかわる外交ではありませんが、一九七二年には対米関係で大きな出来事が起こりました。佐藤栄作政権による沖縄の日本復帰がそれです。しかし、サンフランシスコ平和条約で米軍の信託統治に置かれた領土は、他にも奄美と小笠原がありました。沖縄返還の問題はこれらの領土返還の流れで位置付けることが重要です。というのも、アメリカはこれらの領土は潜在的に日本の主権があるものとも認めており、どういうかたちになるかは、またそれがいつ実現するのかはともかくとして、これら領土がいずれ日本に復帰することが想定されていたからです。

奄美は歴史的には独自のくにを持ち、琉球の影響を強く受けていました。やがて薩摩に侵略され、支配されますが、薩摩藩の発展はこの奄美からの搾取なしにはありえなかったと言われます。薩摩はまた奄美を橋頭堡として琉球支配を行ったこともよく知られています。西郷隆盛が二度も流刑された場所としても有名です。さて一九五三年一二月、ダレス国務長官が突如、奄美の日本返還を「クリスマス・プレゼント」として実現します。背景には本土とのつながりが深いこともあり、激化を増してきた奄美の復帰運動が、沖縄に「飛び火」することを危惧したこと、ソ連が米軍のこの占領問題を使って日本の世論や運動を反米へと誘導する機運を断つためなど様々な要因があったようです。与論島と沖縄本島の北部・国頭《くにがみ》との間に境界が引かれたことで沖縄の人々は衝撃を受けます。

沖縄返還に影響を与えるのは、小笠原諸島の復帰問題です。米軍占領下の小笠原諸島には戦時中に疎開した日本人の元島民が島に戻れないままの状態が続いていましたが(欧米系の元島民のみ帰島が認められていました)、実はその間、米軍が核兵器を持ち込んでいたとされます。これが国会で問題になりました。公明党の竹入義勝や社会党の成田知己《ともみ》が、小笠原の返還が迫った一九六七年にその核兵器はどうなるのかを尋ねます。これに答えたのが佐藤首相で「核兵器を持たず、作らず、持ち込ませず」と述べ、小笠原から核兵器が撤去されると約束しました。これがいわゆる日本の国是とされた非核三原則となります。二度の原爆投下により、多くの住民を失うとともに、原爆症で苦しむ広島、長崎をもつ日本国民にとって、核兵器は廃絶すべき最たる兵器でした。米ソ対立が核開発で激化していく冷戦時代において、日本の被ばく者たちの運動は世界の平和運動を大きくリードしていました。日米安保に依拠する自民党政権といえども、これら国民の声を無視することはできませんでした。日本の核武装の可能性については早くから自民党を中心に議論がありましたが、それが声にならなかったのは、この日本国民にとっての平和の重さでした。これはこの章の冒頭で述べた平和憲法の重みと重なっています。いずれにせよ、一九六八年には小笠原は復帰します。残されたのが沖縄でした。

アメリカは太平洋上の孤島ともいえる小笠原と異なり、軍事戦略上、アジア大陸に近い沖縄を重視してきました。一九五〇年代、日本の本土で主権が回復されて以来、反基地闘争なども盛んになり、米軍基地を維持するのが容易でなくなりはじめたことが背景にあります。実はその危険性や辺《へ》野古《のこ》への移設問題をめぐってよく話題になる沖縄本島の普天間にある海兵隊基地も一九五〇年代は岐阜や山梨にあり、のちに沖縄へ移転したものです(屋良朝博『砂上の同盟』)。沖縄でもっとも有名なのは四〇〇〇メートル近い滑走路を二本も有し、米軍の戦略爆撃機の拠点である嘉手納《かでな》基地ですが、いわば、沖縄は日米安保のための主要なインフラとなっていきました。沖縄復帰が議論になったのが、ベトナム戦争の時期であったことも重要です。沖縄はまさにベトナム戦争のための戦略基地でした。その後、中東戦争などでも沖縄の基地は機能します。現在でも日本にある米軍基地・施設の七割が沖縄に集中しているというのは有名な話です。

高まる沖縄住民や日本国民の沖縄復帰への機運とこの安保の要ともいえる沖縄の米軍基地の存在をどのように折り合いをつけるのか、この難問への答えを出した政治家が佐藤でした。ここで問題になったのが、沖縄の日本復帰のときに米軍基地や核兵器がどうなるかという課題でした。米軍は戦略として核兵器をどこに持ち込んでいるか明言しない方針をとっています。どこに持ち込んでいるかを明らかにすると敵の利益となるからです。他方で佐藤は小笠原返還で「非核三原則」を宣言した首相ですから、沖縄だけ例外にするというわけにはいきません。もちろん、野党や国民は「核抜き」で「本土並み」に基地のない沖縄を期待します。ここで佐藤は、沖縄の基地が復帰後にどうなるかについてはあまり明言せず、他方で核兵器は撤去させる、そしてその後は持ち込ませないとアピールしました。実は日米安保には装備などを大きく変更するときには事前協議をするという条項があります。米軍が一度、核を撤去すれば、再び持ち込むときは協議をするはずという理屈を使って、これを正当化します。実際には米軍が事前協議で核兵器を持ち込んでいいかなどと申し入れるとは思えませんし、核兵器の持ち込みについてはこれを可とする密約があったと今日では知られています。いずれにせよ、佐藤はこの灰色の理屈で、アメリカの利益をたてつつ、日本国民の念願である沖縄復帰を実現させたのです。

この佐藤首相による、沖縄の本土復帰は世界的なインパクトを持ち、ノーベル平和賞受賞の遠因になったと言われます。ただノーベル平和賞の正式な受賞理由は「非核三原則」でした。小笠原、沖縄の復帰でこの原則を貫いたということでしょう。ただし、少し前に述べましたように、沖縄については後日、核持ち込みの密約を米国と結んでいることが明らかになりました。また佐藤がベトナム戦争への支援や核武装を実は否定していなかったこともあり、ノーベル平和賞関係者はこの受賞について後日、疑義を提示しました。

より深刻なのはこの佐藤による灰色の決着が、今日の沖縄の米軍基地問題の端緒となっていることです。当時、沖縄の人々は「本土復帰」とは米軍基地のない沖縄の実現とほぼ等しく考えていました。しかし、終章でも触れますが、現実には米軍基地の多くが基本的にそのままという状況が今まで続いています。現地では「本土復帰」に対する幻想が消え、これを沖縄に対する本土による「構造的差別」と問う声が強まっています(屋良朝博他『日常化された境界』)。

東南アジア、そして残された課題

これまでの戦後日本外交、いわばその復興過程をおおまかにまとめればこのようになります。
一九五一年　アメリカ　サンフランシスコ条約

一九五六年　ソ連　　日ソ共同宣言　（鳩山一郎）
一九六五年　韓国　　日韓基本条約　（佐藤栄作）
一九七二年　日本　　沖縄の日本返還（佐藤栄作）
一九七二年　中国　　日中共同声明　（田中角栄）

しかし、中国と韓国以外のアジア諸国との摩擦はまだ大きなものがありました。例えば、田中首相は一九七四年にインドネシアを訪問しますが、激しい反日デモにあい、そのとき死者も出ているのです。これを受けて、東南アジア諸国との関係の修復に努力したのは、福田赳夫首相でした。一九七七年、フィリピン、マニラを訪問した福田首相は、それ以降「福田ドクトリン」と呼ばれる全方位外交を表明します。基本的な視点は、三つです。まず、日本は再び軍事大国ならないこと、第二に東南アジア諸国連合ＡＳＥＡＮと緊密な関係を築くこと、第三に東南アジア諸国と平等なパートナーシップを形成することです。

政治的には太平洋戦争の戦後処理的な意味合いをもち、日本は東南アジア諸国の経済支援を全面的に約束します。国連など国際社会の場において、日本への支持を取り付ける役割もありました。もうひとつポイントをあげれば、この時期が東南アジアの転換期であったということもあります。それまでの東南アジアは、ベトナム、カンボジア、ラオスのインドシナの社会主義諸国を米ソがそれぞれに支援し、実はＡＳＥＡＮもこれに対抗する政治的な意味合いから結成されていました。ただ東南アジアは、一九五〇年代前半までイギリス、フランス、オランダなど第二次世界大戦の戦勝国側の植民地のもとにあった国々が少なくなく、独立したばかりで、ポスト植民地的な課題、つまり国民国家の建設途上でもありました。そこに冷戦の構造が重なり、複雑な様相が生まれていました。しかし、日本がかかわり始めた時期はベトナム戦争が終結し、東南アジアがまさに変わろうとしたときです。その意味で、かつての植民地支配を反省した(軍事大国にならない、そして平等なパートナーシップ)、東西の冷戦の枠組を越えた全方位外交は歓迎されたのです。

この政治的経済的インフラをもとに、一九八〇年代に入ると日本は一挙にアジア進出を始めます。皮肉めいた言葉でいえば、「軍事力でアジアを征服できなかった日本は、円という金の力でアジアを征服した」とまで言われるようになります。東南アジアに関して、その礎を築いたのが福田ドクトリンであったと言えるでしょう。第一章で述べましたが、一九八〇年代に入ると、急激に経済大国となった日本に協調を求め、主要先進国は足並みをそろえて円高誘導政策を実施します。そのため、生産コストを下げるため日本企業はアジアに生産拠点を移していきます。

このときの受け皿が、シンガポールを筆頭に、マレーシア、インドネシア、タイなどの国々でした。そして実際に日本との貿易にあたったのは、東南アジアに永住している華人社会でした。彼らは、日本企業の現地生産により得た自分たちの利益を中国本土に送金します。これは中国に外貨の必要性を強く認識させ、経済発展のために積極的に門戸を開こうとする要因となりました。鄧小平の「改革・開放」政策も実はこのように日本経済の東南アジア進出と密接に結びついていたのです。

図表 5-1　アジアをめぐる国際組織(加盟国の数は，2018 年現在)

1967 年	東南アジア諸国連合(ASEAN)	10 国
1994 年	ASEAN 地域フォーラム	26 国，1 機構
1996 年	アジア欧州会議(ASEM)	49 国，2 機構
1997 年	ASEAN＋3	13 国
1998 年	アジア太平洋経経済協力機構(APEC)	19 国，2 地域
2003 年	6 者会談(北朝鮮問題)	6 国
2005 年	東南アジア首脳会議	18 国
2016 年	環太平洋経済協力機構(TPP)	未確定

出典：各種年鑑から引用。

今日の中国の東南アジアでの経済プレゼンスを先導したのは実は日本だったわけです。

いまやアジアも様々な国際組織が政治でも経済でも重層的に生まれています。これはアーキテクチャー(建築物)という言葉で表現されますが、アジアはまさに多様な建築物が重なり合い、多様で多元的な社会が発展する場となったわけです。日本外交も確かにこれに貢献したと言えます(図表5-1)。

さてここまでの話を整理しておきます。戦後日本の対外関係はアメリカ、ソ連、韓国、中国、東南アジアと回復されていきます。本章では割愛しますが、一九七〇年代から八〇年代にかけてこれと並んで、石油という資源の安定的確保を目指し、米国のようにイスラエル一辺倒にならず、イランやアラブ諸国にも配慮した中東での多角的な外交も続きます。奄美、小笠原、沖縄と続いた日本の国土回復もここまでにほぼ完了します。ここまでが第一期(一九六〇〜九〇年)の到達点といえます。

先取りして述べておけば、この意味で第一期に積み残された、大きな日本の外交課題はロシアとの平和条約及び「北方領土」という国土回復の課題、そして朝鮮民主主義人民共和国との関係正常化（植民地支配の清算）となります。一九八〇年代前半にはソ連を「悪の帝国」と呼んだレーガン大統領に呼応して、日本を「不沈空母」にしてソ連と対抗するとまで述べた中曽根首相が、その後半期にゴルバチョフが出てくると、どうしてもソ連との関係を動かしたかったのかはこれまでの分析でその理由が十分にわかると思います。

ポスト冷戦と北東アジアの課題

ソ連が解体し、ヨーロッパではユーゴスラビアのケースに顕著なように様々な紛争が勃発しますが、世界秩序としては米ソの対立が終わり、冷戦構造がなくなりました。経済の相互依存も進み、いわゆる国境を越えた事象が共時するグローバル化の時代を迎えました。グローバル化の時代でも、世界が単一になることはありませんが、地域統合の加速により、一体化が強まってきたのは事実です。ヨーロッパでは紛争や分裂もありますが、ＥＵが成立しました。ヨーロッパの諸国はシェンゲン協定による共通の国境管理の導入、ユーロという統一通貨の発行も行います。

これまで見たように、戦後日本は、アジアとの関係修復に努め、アジア経済開発の牽引者となりました。アジアもまた多くの地域で経済発展を実現し、とりわけ中国が力をつけてきました。そして残された日本外交の課題もクローズアップされてきました。日本が戦争でかかわり、いまだ国交を持たない国、それが北朝鮮です。しかし、今日の北朝鮮がかかわる問題は、以前の、例えば日本が韓国と「和解」をした時期と同じ状況にはありません。それは植民地支配と戦争の問題でもありますが、冷戦期の北朝鮮と日本の関係の産物ともいえる日本人拉致問題、そしてポスト冷戦期に急浮上した核とミサイル問題です。北朝鮮の問題は、単に日本外交が積み残した課題の延長にあるものではありません。そこに冷戦期と冷戦終結後の二つの問題、拉致と核・ミサイルが加わっています。実は多くの論者はこの北朝鮮問題の三層構造を十分に分析できていません。

さらに地域的な問題でいえば、これが北東アジアという広がりをもった問題でもあるという点も見逃せません。日本で北東アジアというとき、狭義には朝鮮半島を指します。広義でいえば、そこから同心円を描いて広げていきます。日本、中国、ロシア極東が入り、円をさらに広げるとこれにモンゴル東部や米国の一部がはいるわけです。いずれにせよ、その円の中心は朝鮮半島です。朝鮮半島の問題が解決されずして、いわば北朝鮮の問題が解決されずして地域の平和もなく、日本の平和もないということです。

冷戦を生き延びる北朝鮮

まず北朝鮮の問題を冷戦の枠組のなかで考えます。第二次世界大戦が終わった直後、一九四六年、イギリスのチャーチル首相が使った「鉄のカーテン」という表現をご存知ですね。「鉄のカーテン」とは比ゆで、西と東のヨーロッパの交流が遮断されたという意味で、米ソ冷戦の始まりを予言したものです。これがもっともビジュアル化されるのが、一九六一年に構築された東西ベルリンを分断する「壁」です。ただ壁は一九八九年に崩壊してベルリンは統一され、一九九一年のソ連解体で冷戦は終わったとされます。

その意味でいまだに軍事境界線という「壁」で南北に分断された朝鮮半島は、東西ドイツに比べることができます。朝鮮半島では冷戦が終わっていないという言い方は確かに一理あります。戦後の分断国家のうち、ドイツと並んで解決した事例としてはベトナムが重要です。こちらはドイツと異なり、社会主義体制をとった北ベトナムが南を吸収しました。中国と台湾も分断国家ですが、こちらは現在さほど緊張感はありません。両国とも経済発展し、交流も行っています。もっとも主権問題に踏み込むと政治的な緊張は生まれます。ここで両国と思わず書いてしまいましたが、中国は台湾を国家と認めませんから、この表現自体も批判されることでしょう。

対照的に、韓国と北朝鮮はいまだに分断されたままです。冷戦終結以後、現在もなお続いています。このことは単純にいえば、ドイツとそのほかの事例との違いを浮き彫りしています。東ドイツの場合はソ連のコントロールが強かったと言えます。ですから、ソ連の後ろ盾がなくなるとすぐに東ドイツは崩壊したのです。南ベトナムもそうです。フランスやアメリカの後ろ盾がなくなった瞬間になくなりました。ところが中国と台湾は明らかに違います。それぞれの社会が強靭だから容易に崩れません。では韓国と北朝鮮はどうでしょうか？　これにはいくつかの答えが可能でしょう。

歴史的にこの分断は確かに米ソによって持ち込まれました。建国当初であれば、両国とも米ソの後ろ盾がなければその瞬間に消滅していたかもしれません。しかし、時代を経ることで両国ともその国家としての定着が起こったように思います。とくに経済発展が著しく、民主化にも成功した韓国ではそれが顕著です。韓国の崩壊はもはや考えられません。問題は北朝鮮です。実は北朝鮮は冷戦時代に党の支配で堅固な体制をつくりました。冷戦が終わる過程でこれが試練を迎えます。ソ連（ロシア）も中国も雪崩をうって市場経済に傾斜し、冷戦期のように対米、対韓の文脈で北朝鮮の後ろ盾になってくれず、経済支援も低下します。むしろ、中国もソ連も韓国と外交関係を樹立し、経済協力を強化しようとします。このとき北朝鮮は孤立し、崩壊するのではないかと予測されました。

しかし崩壊は起こりませんでした。北朝鮮の体制はわたしたちが予想していたものより、はるかに強い体制でした。後ろ盾がなくなっても、経済が苦しくなっても、北朝鮮は崩れませんでした。理由はいくつかあるでしょう。ソ連社会が崩れた一因は、ゴルバチョフが情報公開を行い、社会の統制を緩めたからだと言われます。これに対して、北朝鮮は当時、「最後のスターリン国家」と呼ばれるほどに、内部統制を堅持し、外に対しては「鎖国」ともいえる体制をつくります。正統性の問題も重要でしょう。たしかに金一族のルーツはいろいろ疑問が多いのですが、それでも北朝鮮が日本の植民地支配と戦い、それを乗り越えてきた前身（中国の八路軍《はちろぐん》とともに抗日を続けてきた勢力）を有する点は過小評価できません。建国当初、パルチザンの一員にすぎなかった若い金日成《キムイルソン》をリーダーに祭り上げたのがソ連であったとしても、彼は、亡命しておりアメリカとともに戻ってきた韓国の李承晩《イスンマン》より、出発点の段階では大きな存在でした。外交的には友好関係が低下したとはいえ、その国境沿いにエネルギーや生活物資などを供給し続ける中国の存在も経済的には決定的だったかもしれません。

ポスト冷戦——北朝鮮の選択

この時期には北朝鮮と韓国の統一にむけた議論もさまざまに起こりました。とくにドイツとの比較が注目されました。東西ドイツを人口規模で見ると、西ドイツ六〇〇〇万人に対して東ドイツ二〇〇〇万人の統一です。経済的には、当時のドイツは世界第三位(一位アメリカ、二位日本)の力を持っていましたが、東ドイツの経済は弱いものでした。人口比で言えば、三対一です。極論すれば、豊かな三人のドイツ人が、貧しい一人のドイツ人を支援する構図になります。統一の結果、ドイツの人口は八〇〇〇万人になりましたが、一人当たりの経済指数は、格段に低下します。

韓国・北朝鮮ではどうでしょうか。韓国の当時の人口は四〇〇〇万人、北朝鮮は二〇〇〇万人でしたから、人口比で言えば、二対一になります。二人の韓国人で一人の北朝鮮人を支えなければなりません。一人当たりの負担に直せばドイツの一・五倍になります。さらに一九九〇年代前半の韓国の一人当たりGDPは約一万ドル、対する北朝鮮のそれは三〇〇〇ドルにも足りません。これでは統一後の経済の冷え込みはドイツ以上と簡単に予想されます。ドイツ統一後の模様をみて、韓国はその統一後の厳しさが十二分に予見可能となりました。国民にとってみれば、経済が苦しくなるので、無理に急いで統一する必要はないという声も増えてきます。そしてこれは韓国だけの問題ではありません。平和のコストは周辺国にも跳ね返ってきます。韓国の経済の落ち込みが周りに影響を与えることも予想されますし、北朝鮮や韓国に対する支援もまた周辺国に重くのしかかってきます。こうして経済的に南北統一を急がせるメリットがないという事実が北東アジア全体で共有されていきます。

政治的に孤立した北朝鮮はここで思い切った手に出ます。これが核武装への歩みとなります。戦後、核兵器を規制しようとする施策がとられてきました。まず国連を中心として世界各国の核の動向を監視しようと一九六三年にIAEA(国際原子力機関)が設置されます。一九六七年には核兵器の拡散を防止するためにNPT(核兵器拡散防止条約)が締結されます。この条約は核保有国と非核保有国に分け、取り扱いを別にすることで不平等とも言われ、インドやパキスタンなど最初から加盟しない国もありましたが、北朝鮮はソ連の圧力もあり、一九八五年にこれに加盟します。しかし、一九九三年にNPTから脱退し、翌九四年にはIAEAからも脱退します。NPTはIAEAの下にあり、NPTに加盟している国は、国際原子力委員会の査察を受け入れなければなりませんので、これを嫌いました。北朝鮮の核開発疑惑が一挙に高まり、国連安保理も制裁を検討します。その年の一〇月、アメリカと北朝鮮の間で「核枠組合意」が生まれます。これは北朝鮮のNPT復帰の道筋をつくるとともにその核開発プログラムを中止させ、米国が見返りとして五〇万トンの重油供与を約束し、核拡散の可能性が低い軽水炉の建設支援をするというものでした。実際には北朝鮮はプルトニウム抽出やウラン濃縮を止めず、核開発を秘密裏に続けます。ただ表向きはしばらく韓国と北朝鮮の友好ムードが続いていました。二〇〇〇年はそのピークともいえ、韓国の金大中《キムデジュン》大統領と北朝鮮への金正日《キムジョンイル》総書記がピョンヤンで首脳会談を行い、韓国は北朝鮮を経済支援するとともに、金剛山《キムガンサン》観光や国境を越えた開城《ケソン》工業団地の開発なども進みました。

二〇〇三年、北朝鮮は再びＮＰＴ脱退を宣言し、朝鮮半島は再び風雲急を告げます。米国は重油の提供を拒否しますが、このときこの危機に再度向き合おうとして生まれたのが、六者協議、朝鮮戦争の当事者は米韓中朝ですが、核という広がりのある問題にかんがみ、これにロシアと日本が加わって、北東アジア地域で初めての多国間で政治問題に関して調整を行う枠組が生まれました。二〇〇五年六月には金正日《キムジョンイル》総書記は北朝鮮が核を保有する意思はないと表明し、北京で開催された第四回六者協議ではそのことをうたった共同宣言まで出されました。しかし、翌二〇〇六年七月に北朝鮮は長距離ミサイルの実験を行うと、一〇月には初の核実験を実施し、再び態度を豹変させます。ここからの北朝鮮は硬軟織り交ぜての対応を繰り返します。二〇〇九年に二度目の核実験を行った北朝鮮ですが、金正恩《キムジョンウン》が後継者になると二〇一二年に核実験の中止やＩＡＥＡの査察受け入れを提案したりもします。とはいえ、二〇一三年に三度目の核実験を行うと、以後はミサイル実験とともに頻繁にこれを行います。六者協議はほぼ有名無実と化しました。二〇一七年七月にはアメリカまで届くとも言われる大陸間弾道ミサイルの実験、九月に六度目の核実験を行うと、二〇一八年一月には新年の演説で金正恩《キムジョンウン》はついに核兵器を「北朝鮮政権の強力な宝剣」と述べ、米国に向けて「永続的な核強国」になったと宣言します。

北朝鮮をめぐる新しい状況

北朝鮮がこのように硬軟織り交ぜながらも、核とミサイル開発を続けてきた理由はポスト冷戦期の「孤立化」への恐怖心でした。冷戦時代に頼みにしていたソ連はなくなり、後を継いだロシアは米国や日本、韓国との協力を最重視していました。朝鮮戦争により「血盟」の同盟国であった中国も韓国と国交樹立をした後は、韓国との経済協力に邁進し、日本やアメリカなどの協調による経済発展に力を注いでいました。北朝鮮の崩壊やこれに伴う朝鮮戦争の再現を恐れる韓国のみが北朝鮮を支えようとしていたと言えます。北朝鮮は、ヨーロッパや中東で「孤立」し米国と対峙した国の迎えた惨状を注視していました。セルビアのミロシェビッチはロシアの支援もむなしくＮＡＴＯの攻撃にさらされ続け、ついには人道上の罪を問われる裁判に引っ張り出されます。イラクのフセイン大統領は「悪の枢軸」の元凶とブッシュ大統領に名指しされ、大量破壊兵器開発を理由に徹底的につぶされます。

ここで歴史のifがあります。これら二つの国は核武装をしていたら、米国はそこまで攻撃をしたであろうかと。金正日《キムジョンイル》は「孤立」した状況で、自らの命と体制を守るには核開発しかないと考えたのでしょう。しかし、開発段階ではこれは脆弱ですから、時間や資金を稼がねばなりません。かといって、放棄したらフセインやミロシェビッチ（のちにはリビアのカダフィもそうなります）の二の舞になりかねない。硬軟織り交ぜながら、韓国をしばしば味方につけ、生存をかけて開発を続けてきたのだとわたしは考えます。

そして米国が考慮しなければならない段階に達した（つまり、米国に届くミサイル保持としかるべき数の核兵器）と考え、金正恩《キムジョンウン》は新たな提案をしました。これが二〇一八年のピョンチャン・オリンピックへの参加、そして板門店での南北首脳会談です。歴史に名を刻みたいトランプ大統領もこの北朝鮮の動きを歓迎し、ついに米朝首脳会談も六月一二日に史上初めて、シンガポールで実現するに至りました。

しかしながら、ここで重要なのは、いわゆるポスト冷戦がひとつの区切りとなっていくと思われる二〇〇〇年代から、北朝鮮をめぐる情勢が変わりはじめたという点です。ひとつはプーチン大統領のイニシアチブによるロシアの復活、そして中国の経済大国化、軍事大国化です。とくに中国はアジアのみならず、世界を席巻するパワーに成長しつつあり、米国もいろいろな意味でこれを受け入れざるを得ない状況が生まれました。この中国もそしてロシアも実は北朝鮮の崩壊はおろか南北統一をあまり望んでいません。北朝鮮の喪失とは、韓国の北の国境が中国国境と接することになります。そこには米国の力が及ぶ可能性が高いとすれば、中国の安全保障にとってプラスではありません。また中国のこの国境地域には多くの朝鮮人が暮らします。ここに韓国の力がストレートに及べば、対外的な安全保障に加え、内部の安全保障もうつろいやすくなります。この地での朝鮮族と漢民族には潜在的に難しい関係があります。これらの状況を考えると、バッファーとしての北朝鮮の存在は中国の国益にかないます。

ロシアにとっても北朝鮮は存在することに意味のある国です。現在、ロシアは北東アジアで存在感の弱い国です。人口も少なく、経済的な力が欠けているからです。しかし、北朝鮮が存在するとここで関係づくりをめぐって策略がたてやすくなります。北朝鮮は中国との関係がかなめであったとしても、しばしば中国と距離を取ろうとします。とくに核開発ではこれを止めたい中国との関係でぎくしゃくしていました。南北首脳会談の直前に金正恩《キムジョンウン》が突然、北京を訪れ、習近平と会談しましたが、それまでの中朝関係は冷え切っていたといわれます。そういうときにロシアの出番があります。あまり説得力もなく、実現可能性も低いのですが、ロシアはしばしばパフォーマンスとして南北朝鮮の仲介役を買って出たりしています。また北朝鮮への制裁強化で日米が足並みをそろえ、中国も巻き込んだときに、北朝鮮との取引を進めようとしたのもロシアでした。プーチンは（ウクライナ問題で）制裁を受けているロシアがなぜアメリカの制裁に同調する必要があるのだとうそぶいたとさえ言われます。

そしてこれは韓国にも当てはまります。統一を急ぎたくない理由はすでに紹介しましたが、統一を急がないということは北朝鮮に存続してほしいということです。そのために韓国は、濃淡はあるものの、基本的に北朝鮮を支援してきました。今回、金正恩《キムジョンウン》のアプローチを受け、米国との間を取り持ったのも韓国です。とくに今の文在寅《ムンジェイン》大統領は左派ですから、北朝鮮との関係を重視します。金正恩《キムジョンウン》にとっては願ってもないチャンスだったと言えます。

米国はどうでしょうか？　米国は現在、ヨーロッパを舞台にロシアと厳しい問題を抱えています。ウクライナ問題で冷たい関係は始まっていましたが、シリアをめぐる対立、英国で元スパイ毒殺未遂事件、プーチンによる米大統領選挙干渉疑惑など、米露の関係悪化は止まりません。北東アジアでのロシアの存在感は小さくとも、グローバルにみれば心許せる存在ではありません。中国も同様です。中国の南シナ海、東シナ海での領域をめぐるプレゼンスは懸念の対象ですし、トランプ大統領は経済制裁を課すなど中国に厳しい姿勢もみせます。こう考えると北朝鮮の存在意義が明確になります。かつて金正日《キムジョンイル》は二〇〇〇年代後半に、アメリカが認めるなら、その同盟国になってもいいという発言をして世界を驚かせましたが、アメリカにとっても対中国、対ロシアに対するバッファーとしての北朝鮮の存在意義は少なくないのです。

このようにみてくると北東アジアに関わる(日本以外の)すべての国が北朝鮮という国家の存続が望ましいと考えていることがわかります。かくて北朝鮮はもはや「孤立」から脱出するとともに、その核とミサイルの保有を武器にこの地域の存在あるアクターとしてアメリカと交渉をするまでになりました。ではこのような北朝鮮に日本はどのように向き合えばいいのでしょうか。

危機の日本外交——拉致問題とは何か

第二期(一九九〇年~現在)を迎えた日本外交において、北東アジアの問題、とくに北朝鮮との関係をどうするかが残された重要な課題であることはすでにみました。それは当初、戦前の植民地支配の清算という課題の解決でした。しかし、ここに冷戦期の問題として拉致問題が加わります。日本人の拉致は、韓国などでの諜報活動が難しくなったことを受け、日本人になりすましてこれを実施しようと、一九七〇年代に若き金正日《キムジョンイル》が中心になって実施したといわれています。しかし、当時、拉致問題は日本では公式には認められておらず、失踪や噂話とみなされることが少なくありませんでした。被害者の家族は北朝鮮のせいではないかと訴えていたのですが、政府も熱心ではなかったのです。もちろん、北朝鮮は否定してきました。

事態が動いたのは二〇〇二年九月の小泉首相の訪朝でした。この電撃的な訪朝は、核をめぐる交渉プロセスの中で、北朝鮮が日本の支援をとりつけたかったから実現したと言われます。ここで金《キム》正日《ジョンイル》が一三名の日本人拉致を認めて謝罪したことに日本中が驚きました。そして五名を小泉は日本を連れて戻ります。

この五名について日朝でトラブルが生じます。当初、帰国した五名はいったん北朝鮮に戻る予定になっていたのですが、当時、副官房長官であった安倍晋三がこれに猛反対し、五名をそのまま日本にとどめるよう働きかけたと言われます。北朝鮮はこの「約束」違反を不愉快に思ったようです。その後、北朝鮮は拉致したほかの日本人はみな死亡した、問題は解決済みとし、拉致生存者全員の帰国を要求する日本との対立は深まり、膠着したままです。ここで確認しておきたいのは、冷戦期に行われていた拉致ですが、これが政治問題となったのはあくまでポスト冷戦期、つまり北朝鮮が生き残りをかけて核開発を進めているプロセスのなかで日本に支援を求める目的で切ったカードであり、その結果、これが日朝間の最重要課題になったということです。最初から日朝間で拉致が争点であったということではないということはとても重要です。

整理すれば、いまの日朝関係は、①歴史問題、②拉致問題、③核問題の三つに影響を受けています。これは二〇〇二年に小泉首相が訪朝したときのピョンヤン宣言にも挙げられている項目です。いわば第一期の日本の政治課題は①の歴史の清算だけでしたが、第二期に入って②の冷戦期の問題であった拉致が争点となり、③北朝鮮の生存政策のなかで核が問題となったわけです。北朝鮮は、日本が過去を乗り越えようとしてきた外交のなかで最後の対象として残されたものでした（領土問題を抱えるロシアとも不完全な関係ですが、少なくとも国交回復後にそれなりの積み重ねはあり、通常の外交は行われています）。しかし、これは今、ポスト冷戦を経て新しい国際関係が形成される中で、もっとも困難な問題をともなうチャレンジな対象となりました。日本以外の国には戦前の植民地支配の問題はありません。そして拉致問題もありません（韓国にはあるのですが政治争点化していません。戦争当事国としての韓国には拉致よりも大きな問題が冷戦期にはあるからでしょう）。このことは他の国とは異なる日本の北東アジアでの状況を示唆しています。安倍政権の自民党がどのような外交を北朝鮮に展開できるか、これは日本にとっての試金石です。しかしながら、核問題を中心とした南北と米朝、そしてこれを支える中国やロシアの動きと異なり、多くの課題をかかえる日本は言葉で繕っていますが、実態はその対処にかなり苦しんでいるというのが正直な感想です。

防衛と自衛隊

さて戦後日本の外交を語るにあたって、自衛隊の問題を避けて通る訳にはいきません。自衛隊は、現在（二〇一七年三月三一日段階）、二二万四四二二人（内、女性自衛官は、およそ一万四〇〇〇人）が所属する日本最大の公務員組織のひとつです。

自衛隊もまた朝鮮半島の問題から始まります。占領軍として、おおよそ四〇万人のアメリカ兵が日本に駐留していましたが、一九五〇年の朝鮮戦争勃発とともに、アメリカ兵は国連軍の名において朝鮮半島に向かいます。そこで手薄になった日本の防衛をどうするかが議論になり、警察予備隊、つまり自衛隊の前身が創設されます。約七万五〇〇〇人が配属されました。実質は軍隊に近い装備を持つのですが、憲法との兼ね合いで警察力の増強というかたちにとどめたわけです。これは一九五二年に保安隊と名前が替わり、一九五四年に自衛隊となります。ただし、これは陸上自衛隊の軌跡であり、海上自衛隊は事情が違います。こちらは一九五二年に朝鮮戦争のさなか、海上に投棄された機雷除去の任務にあたっていた組織が海上警備隊となり、五四年の自衛隊法が成立した際、海上自衛隊となるわけです。

すでに述べたように、自由党の吉田政権はあくまで①日米安保、②軽武装、③経済発展を軸とした政策を取ります。この時期、民主党に属していた鳩山一郎、河野一郎は吉田路線の②軽武装に反対を唱えます。極論すれば、①反安保、②軍隊復活、③政治的独立を目指します。要するに、米国との関係性をどう考えるかが政策の違いとなります。以来、自民党は旧自由党と旧民主党の対立が続いていますが、その対立の影響は二〇世紀末まで、自民党の躓きの石として残ります。

　吉田路線は、自民党結党後、池田勇人らによって継承され、軽武装、経済発展を軸とした政策が展開するのはすでに見た通りです。一九六〇年代になって、北東アジアの情勢が安定するにつけ、安保、防衛はタガがはめられることになります。その最たる方針が、一九七六年一〇月に、三木武夫内閣が防衛大綱を決定し防衛費をＧＮＰの一パーセント内に抑えるとしたことでした。しかし、一九八二年に首相の座についた中曽根は、一九八四年に三木内閣の防衛費をＧＮＰの一パーセント内とする方針の見直しに着手し、翌八五年、防衛費一パーセントという縛りを外します。日本の場合、防衛費には人件費も含まれていましたので、職員給与をあげることで枠を取り払いました。人件費の増額は反対を呼びにくいのでこれを突破口としたわけです。

　しかし、日本政治の第一期には吉田ドクトリンの縛りがまだ生きています。中曽根ですら平和憲法に課せられた「専守防衛」というラインを踏み外すことはできませんでした。中曽根の歯止めとなる政治家がいたことも重要です。これが内閣官房長官の後藤田正晴でした。憲法改定を宿願とした中曽根は一九八八年のイラン・イラク戦争の際に、平和活動の名目で自衛隊を派遣しようと考えましたが、護憲派であった後藤田は断固反対します。当該地域が戦争状態であることに加え、自衛隊の海外派遣、そして戦闘行為につながるものは憲法違反であるとしたのです。かくて自衛隊の海外派遣は、中曽根政権においても、専守防衛堅持のなかでなされませんでした。

湾岸戦争、海外出動、ＰＫＯ

第二期の幕開けとともに事態が動きます。湾岸戦争です。一九九〇年のイラクによるクウェート侵略は、埋蔵されている石油の利権問題に端を発しますが、アメリカはこれを阻止しようと一九九一年に戦争を始めます。日本にも協力要請が届きますが、自衛隊の海外派遣が禁止されているため、当時の海部《かいふ》俊樹内閣は協力金として一兆八〇〇〇億円の援助に踏み切ります。だが、この金銭援助は、「あまりにも額が小さく、あまりにも援助が遅い」として評価されませんでした。

そのため、ペルシャ湾へ自衛隊が出動することとなり、機雷撤去にあたります。これが初の自衛隊の海外出動となりました。これは、一般的に「後方支援」とよばれ、直接武器を使用しないというエクスキュースをつけます。武器を使用しない活動については自衛隊は歴史と経験が豊富です。地雷、機雷の撤去もそうですが、自然災害への対応もよく知られています。後方支援、復興支援の歴史は、この一九九一年のペルシャ湾を皮切りに、二〇〇一年のインド洋派遣（アメリカの太平洋艦隊の後方支援）、二〇〇四年のイラク復興支援と続きます。

これらの動きを後景に、一九九二年国際平和協力法、いわゆるＰＫＯ法が成立し、自衛隊の海外出動が法的にも根拠づけられることになりました。興味深いのはＰＫＯ法が護憲派首相で「保守本流」の宮沢喜一が首相のときに成立していることです。第二期になって「吉田ドクトリン」の見直しが始まったという象徴的な証左ではないでしょうか。ただし、五つの厳しい条件がこれには付加されていました。

① 停戦の合意が形成されていること。
② ＰＫＯ受入国のなどの合意ができていること。
③ 中立を保って行動すること。
④ 三つの条件が満たされなくなった場合、一時活動を停止し、引き上げること。
⑤ 武器の使用は、人命重視の視点から、人命が危険にさらされた時に限ること。

以上のような条件です（佐道明広『自衛隊史　防衛政策の七〇年』）。この条件のもとに、カンボジアにＰＫＯが派遣されます。このＰＫＯが派遣された国家は、

一九九二〜一九九三年　カンボジア
一九九三〜一九九五年　モザンビーク
一九九六〜二〇一三年　ゴラン高原
二〇〇二〜二〇〇四年　東ティモール
二〇〇七〜二〇一一年　ネパール
二〇一〇〜二〇一三年　スーダン
二〇一〇〜二〇一三年　ハイチ

と七つの国に及んでいます（外務省ホームページより）。実は、このPKOと後方支援が車の両輪として自衛隊の海外活動の基本となっています。その他、難民支援、緊急援助、邦人救出などを合わせると、わたしたちが考えている以上に自衛隊の海外活動は多岐にわたり、すでに国際的にも認知されているのです。

こうして広く平和活動に自衛隊が参加するとして、市民の間でも自衛隊の存在が次第に定着してきます。第二期では、自衛隊による国内の災害活動も顕著となります。とりわけ、一九九五年の阪神淡路大震災、二〇一一年に起きた東日本大震災、二〇一六年の熊本震災など、救援と復興へ向けた自衛隊の活動には、目を見張るものがありました。

しかし、外に目を向けたとき自衛隊と憲法九条の整合性をどうとるのかが、課題として顕在化していきます。

海外出動、武器使用、集団的自衛権

二〇一二年に政権復帰した自民党は、安倍政権の下、この問題に向き合うことになります。一つはPKO法案の改定です。それは、当時、南スーダンに派遣されていたPKO部隊に、邦人救出のためなら武器の使用を許可してもいいという決断でした。そもそもPKOは、戦闘行為が行われている地域には派遣しないことが前提なのですが、南スーダンでは実質的な戦闘行為が頻発しており、そのため、邦人救出のための「駆けつけ警護」を容認したという背景があります。そして武器使用を認めたのです。

専守防衛も武器使用を認めることで、旧来の憲法運用はこの段階で解釈によって破られるのです。もともと専守防衛という発想は、日本が攻撃されたことを前提としており、自衛隊がＰＫＯなどの活動を通じて海外に出ていることを想定していないものでした。ですからＰＫＯが派遣されるにあたって、上記五つの条件、すなわち紛争に巻き込まれないことを前提としていました。

ところで現実問題としては、紛争が起こっていない地域にＰＫＯを派遣しても後からでも紛争が発生する危険性は常に伴います。その場合は、即時撤退が原則のはずですが、邦人が現地に取り残された場合、自衛隊だけが撤退する訳にはいかないではないかというのです。自衛隊は邦人も救出しなければならない。そうであれば自衛隊は紛争地帯に留まることになるし、その時には、武器の使用を可能にしようというわけです。

要するに自衛隊は専守防衛のみとみなす国内的な発想が、ＰＫＯによって国際的な活動と摩擦を起こすことは必至であったとも言えます。しかし、現実はどうあれ、これは憲法九条には大きく抵触します。武器使用をこのとき九条を触らず、解釈改憲を通じて乗り切りました。

もうひとつは集団的自衛権の問題です。例えば、現在の日米安保の下では、日本が攻撃された時、アメリカは日本防衛の共同義務が発生します。同様に(日本国内で)米軍が攻撃された時にも、日本に防衛の共同義務が発生します。ただしこれは日本での問題なので、個別的な安全保障とみなせますので憲法九条とは抵触しないと解釈可能です。

他方で、日本、アメリカ以外の友好国である国家A、国家B、国家Cなどが攻撃を受けたときはどうでしょうか。その攻撃が日本にも影響を及ぼすと判断されれば、これも広い意味では自衛権と言えなくはありません。そこで自衛隊は他国の防衛活動にも参加できるという理屈になります。これが集団的自衛権の考え方です。国連憲章は集団的安全保障という枠組のなかでこれを認めていますから、日本も国連加盟国である以上、権利はあるはずですが、憲法九条によって自らに制約を課しており、集団的自衛権は行使しないと長年、位置づけられてきました。ところが安倍首相はこれを無視し、一定の条件がそろえば、集団的自衛権の行使を可能だと言い始めます。解釈改憲でどこまでも進む、これが安倍首相の政権復帰後の方針でした。もちろん、憲法を変えずにこのようになし崩しで自衛権やその活動を拡大していくことに、国民からは疑問の声も出るわけです。

自衛隊の歴史を要約すれば、三つの段階に整理できます。

第一段階　第一期において、専守防衛に徹するとされるも、その存在が九条違反かどうか憲法論議が行われた時代(清和会と宏池会の対立はまだ顕著でない)

第二段階　第二期において、自衛隊がPKOなどの海外活動を始めた時代(宏池会・宮沢内閣によって平和への貢献の下に実施された時代)。

第三段階　第二期後期には、解釈改憲により、専守防衛から大きく逸脱し、武器使用、集団的自衛権を認めた時代(国防路線を拡大し、攻撃権まで認めた、清和会・安倍政権の政策)。

この三つの段階を経て、いま九条は解釈ではなく条文の改憲へと向かおうとしています。ここでも自民党内の清和会対宏池会の対立が鮮明にあるように見えます。ではわたしたちが改憲にどのような姿勢で臨むべきかを考える前に、なぜ憲法九条と現実がここまで乖離していったのか、これを生み出した日本を取り巻く国際情勢をもう一度、確認しておきましょう。

「陽だまり」のなかで

ドナルド・キーンはかつて、日本には外交政策は、戦後一貫して存在していなかった、日米安保と国連中心の二つだけが外交路線としてあったといえるが、それ以外には方針を持ちえなかったと、厳しい批判を展開しています。ただ、日本の立場を擁護すれば、アメリカのプレゼンスが大きすぎて、日本がアメリカの影響を抜け出して独自路線をとろうとしたことはあるが、そのたびごとにアメリカに押しつぶされてきたという見方もあるでしょう。日本が独自のアジア外交を展開しようとしても必ずアメリカがどこかで顔を出します。これはこれまで見てきたとおりです。

他方で吉田外交そのものに、解消不可能な矛盾が存在していたのも事実です。軽武装と安保条約は思想的には相反するものです。非武装＝九条と武装＝日米安保の「共存」は特殊な状況でのみ成立しえたと言えます。戦後、北東アジアでは朝鮮戦争を例外として大きな紛争を経験することがなかった、つまり日本は常に「陽だまり」のなかにあったという条件です。アジア全体としては大きなベトナム戦争も、その直接的被害を日本は受けていません。もちろん、ベトナム戦争の基地として沖縄に駐留するアメリカ軍が大きな役割を果たしますが、日本そのものの存立にかかわるものではありませんでした。確かにベトナム戦争は市民レベルでは反戦運動を引き起こしますが、自衛隊にとっては対岸の火事に過ぎませんでした。

ベルリンの「壁」崩壊に始まる、ヨーロッパの変動や紛争にも日本は無縁でした。アメリカはヨーロッパでどのように秩序を再構築するか、NATOや旧ソ連圏の問題も含めておおいに苦しみましたが、日本にとっては他人事でした。日米同盟はアジアの「片隅」を主としてカバーするものとされていたからです。二〇〇一年の「9・11」も大きな事件でした。アメリカに反感を持ったイスラーム系のテロ組織、アルカイダがニューヨークにあるワールド・トレードセンター・ビルを二機の民間航空機を使って崩壊させた事件は衝撃でした。死者が三〇〇〇人以上も出たこの事件に対して、アメリカはイスラーム系テロ組織が存在するとして、中東への攻撃を始めます。しかし、イスラームの影響がさほどない日本はこれに一定の距離を置くことができました。後方支援は行いましたが、そこまでで、事態の当事者性はありませんでした。

しかし、すでに述べたように第二期も二一世紀に入ったころから、身近な東北アジア地域の情勢が流動化します。北朝鮮の動向はここでは繰り返しませんが、やはり、主要なアクターは中国です。「改革・開放」政策によって経済発展を加速化させた中国は日本を抜いて世界第二位の経済大国に成長します。と同時に、この経済成長は中国が軍事拡大にも向かうことを、可能にするのです。とりわけ南沙諸島に中国が領海権益を拡大しようとして、具体的にはフィリピンやインドネシアなどと緊張関係を強めていきます。大陸国家中国はここで海洋国家としても経済権益を求め、東シナ海から太平洋へと向かい始めました。太平洋とは、大きな平和の海という意味ですが、これが経済的に世界第一位の国家・アメリカと、世界第二位の国家・中国との対立の海へと変化しようとしています。

このことは何を意味しているのでしょう。一言でいえば、紛争の火種が日本の周りを取り囲み始めたということです。「陽だまりの日本」はもう終わったのです。幸いにもこれまで距離を置くことができた紛争が、自国の生存と利益に直結する状況が生まれたのです。北朝鮮の核兵器問題はそのもっとも象徴的な出来事と言えます。

こうして九条と自衛隊、日米安保が共存できた環境は急速に失われつつあります。そしてその客観的な情勢のもと、国内的には、自民党による改憲を可能とする条件が整ったわけです。ある意味では、これは偶然の一致ですが、そうであるゆえに、国民にとって憲法問題の主体的な思索が重要となります。

体制選択パスとしての九条問題を越えて

すでに第三章で言及しましたが、政策にはハイ・ポリティクスとロウ・ポリティクスの二つがあり、前者を体制選択パスと位置付けました。憲法改正、とりわけ九条問題は、まさに体制選択パスの典型です。この問題が現代日本政治の最大のテーマである理由は、憲法改正には衆参両院で議席の三分の二以上の賛成が必要であり、かつ国民投票にかけなければならないというところにあります。第一期でも自民党は憲法改正を党是としていましたが、野党社会党が自民単独での三分の二の議席獲得を阻止してきたため、実現可能性はありませんでした。

しかし、二〇一四年の総選挙を経て、自民党安倍政権は衆参両院で公明党を入れて三分の二以上の議席を獲得しています。戦後初めて、憲法改正が現実味を帯びているのです。ここで問題となるのは野党の態度でしょう。自民党政権が九条改正に向かって突き進む一方で、野党の方針は乱れています。立憲民主党、共産党など主たる野党は反対で一致していますが、日本維新の会、国民民主党などでは意見が割れています。それ以上に問題となるのは、野党の姿勢が単なる反対の意思表明以上のものではないということです。憲法に関わる思想的武装が足りないとわたしは思います。自民党の姿勢は明確ですが、これに対抗する野党の力量が問われていると考えます。改憲反対を訴える野党は、本来、より具体的に政策論議を行うべきです。選択的政策として、九条と自衛隊、九条と安保の関係をどの地点で整合させるのかを打ち出さなければなりません。そのことを踏まえ整理すれば、野党の政策選択オプションは次のようになります。

①　九条を堅持し、自衛隊を違憲とし、「吉田ドクトリン」以前に戻す。
②　九条を堅持し、自衛隊を専守防衛戦力と規定し、安保は廃止する。
③　九条を堅持し、自衛隊を専守防衛戦力と規定するが、安保は堅持する。

④　九条を堅持し、自衛隊のＰＫＯ活動までは認め、安保による在日米軍を縮小する。
⑤　九条を改正し、自衛隊を専守防衛と明記し、安保の縮小を目指す。

まず①は理念的には可能な選択肢ですが、実際問題として、自衛権は認めるにせよ、自衛のための武力は認めないとした「吉田ドクトリン」以前に戻るのは不可能でしょう。②はアメリカとの関係を根本的に見直すことを意味します。かつて非武装中立を主張した社会党の考えに近いものです。米国と友好関係を持続しながら、これを実現することは全く不可能ではないにせよ、日本の安全保障のためには中国、ロシア、北朝鮮とかなり踏み込んだ平和友好関係を作る必要があるでしょう。③は第一期の考え、湾岸戦争以前の日本のあり方に戻すというものです。難点は自衛隊の国際的貢献を見直すのかというところで、世界との関係が難しくなりそうです。④はある意味でもっともバランスがとれたもののように見えます。対米関係を損なわないように、かつ軍備増強に歯止めをかけるわけですから当然、北東アジアの他の諸国との友好が前提になります。国際貢献もできます。問題があるとすれば、このようなラインをうまく達成できる日本外交の力量でしょうか。⑤はある意味で自民党の提案の枠組にのったうえでの対案です。憲法改正によって自衛隊と安保に歯止めをかけるというものです。ある意味で合理的な選択かもしれませんが、その対外環境を整えるのは大きな仕事になりそうです。

重要な点は、これは体制選択パスの問題ですから、政権交代とは結びつかないということです。

そして与党だけでも野党だけでもやれることではありません。野党も政権をとらない限り、自民党案が改憲案として具体化していくのを見ているだけになりかねません。他方で本書で見てきたように自民党の体制は盤石です。政権交代は容易に起きる状況ではありません。しかし、自民党の中にも清和会や宏池会といったこの問題に対する考え方には温度差があるのはすでにみたとおりです。野党も入口で止まるのではなく、より積極的に打って出るべきでしょう。体制選択パスは、まさに国家や国民の今後を左右する争点ですから、なおさらのことでしょう。

終章　小国日本のすすめ

一九五五年体制に回帰するのか

これまで分析してきたように、二〇一二年を契機として「一強多弱体制」が成立し、これが変わる道筋は今のところ、見えてきません。多弱な野党は、再編・統合を模索するのではなく、逆に分離・分散へ加速しています。一強＝自民党は、ますます強みを増しているようです。理由はさまざまですが、その一つは二〇〇九年から一二年までの三年間の民主党政権に対する大いなる失望です。市民から見て、一九五五年以来、初めて起こった選挙による政権交代でしたから期待も大きかったのでしょう。

期待はさまざまな側面に現れました。ひとつは、日米安保下における沖縄の米軍基地問題です。住宅密集地にある普天間の海兵隊基地は事故が多く、かねてより住民は移設を望んでいました。自民党時代にこれを辺野古に移設することが決まっていましたが、蓋を開けるとオスプレイというより危険な新型輸送機が配備されることも計画されていました。政権が民主党に移行したとき、鳩山首相は「県外移設」を口にします。これは非自民政権だからこそ口にできたと言えます。しかし、一向に議論は進まず、アメリカからは首相に対して揶揄する発言も相次ぎます。その要因には官僚支配があげられます。ここでは防衛省が細部を詰めており、その壁を鳩山は突破できませんでした。鳩山首相は「県外移設」を主張したことで実は今も沖縄ではとても人気があります。要するに、佐藤首相が主導した沖縄の「本土復帰」のもつフィクション、つまり、これがあくまで米軍基地の恒久化が条件であったという本質を突いたからです。他方で、自民党はこれを民主党の政権運営能力の欠如として批判を行い、(沖縄以外の)メディアや有権者もこれに追随します。

民主党はまた「コンクリートから人へ」と政策転換を訴えます。公共事業というコンクリート指向の政策から「人へ」と福祉政策を主張したのです。その象徴が、当時の前原誠司国土交通大臣による、「八ッ場《やんば》ダムの建設中止」でした。これは当時、評価されましたが長続きはしませんでした。事業の中止は鶴の一声で確かに可能ですが、行政的な手順に介入するわけですから、官僚や利益に関わる諸団体の猛反発を受けます。さらに教育、福祉、年金などの政策は、公共事業の中止と違い時間がかかるため、国民にはすぐには実感が伴いません。

こうして期待感は失望に変わります。政権内部でも、トロイカ体制であった鳩山・菅・小沢の協力に亀裂が走り、首相が毎年変わったのもマイナスでした。そして二〇一一年三月一一日に歴史的に例を見ない東日本大震災が発生し、福島原子力発電所の炉心溶融事故まで経験します。

あくまでわたしの個人的な見解ですが、有権者も政権交代に対して、もう少し寛容に対応して時間をかけて非自民の方向性を見る、そして育てるという政治的ゆとりが欲しかったと思います。民主党には期待が大きかっただけに、急激な政策転換を求めすぎました。そして失敗したのです。すでにとりあげた、政策形成分析の泰斗チャールズ・リンドブロムは、「政策は漸進的にしかすすまない」と言っていました(リンドブロム他『政策形成の過程』)。

結局、やはり自民党でないと政権は運営できないという意識が、振り子の戻りのように有権者の間に広がります。そして政権維持を習得している自民党は、経済政策に特化してインフレ政策を基本に掲げます。有権者は、経済政策には強く反応するものです。アベノミクスという経済政策を掲げ、安倍政権は安定政権として、権力の座への復帰を果たします。

ところで一九五五年体制では「一強一弱体制」でした。端的にいえば、自民党対社会党の構図です。この構図が四〇年間も継続したわけです。しかし本書でもふれたように、バブル崩壊以降、すなわち第二期で自民党は、一九九〇年から現在まで、約三〇年間の間、決して堅固な政党ではなく、連立を繰り返しながら、政権の維持を図ってきたにすぎません。そして、自民党が野党に転落する端緒は、ポスト小泉にありました。安倍、福田、麻生と続く政権の流れの中で、弱体化が極まったのです。しかし二〇一二年に安倍首相は政権に復帰します。一九五五年体制以来、実は復帰した首相は皆無ですが、安倍首相は六年後に、第二次安倍内閣を形成するのです。

民主党に対する有権者の期待倒れのもと、安倍首相は政権復帰のための準備を整えていたのです。一九九〇年以来のデフレの中で、財政再建が、いや、やや極端にいえば財政再建だけが、政権の主要課題でしたから、民主党が政権を執った時にも、自民党の財政再建では不十分であるとして「事業仕分け」を打ち出しました。三〇年間、財政再建に疲れを感じていた国民の心を安倍政権はとらえるべく、デフレ脱却のための舵を大きくインフレ政策に持っていくのです。ただ再び国債を発行して貨幣流通量を拡大し、インフレに持っていくという考えは、国家財政の赤字をさらに拡大させるので、本当は一種の禁じ手でもあったのです。

安倍首相は、国家財政の赤字拡大を覚悟の上で「アベノミクス」というインフレ政策を実施すると同時に、第一次安倍内閣での閣僚の不祥事を防ぐ人事を実施して、菅義偉を官房長官に、今井尚也を首相秘書官に備え、両輪とし安定政権の基礎を作りました。

この過程では、六〇年安保以降、国民の経済成長を約束した池田内閣時代の手法が真似られたと言えます。これを通じて、一強一弱体制、すなわち自民対社会という一九五五年体制が完成していくことを思えば、また一九五五年体制の復活を想起してしまうのです。ただし、今は社会党が存在しません。また与党と野党の関係も異なっています。小選挙区制の下では、失態は即座に政権交代に結びつくリスクがともなうからです。しかし現象的にみれば、野党が政権を執る機会を奪われたという意味では一九五五年体制に酷似してきています。他方で、どの糸口で、民主主義の原理である政権交代の可能性を見つけ出せばよいのかという閉塞状況にあります。

政界再編の可能性

では民主党が他党と連携を組みながら、政権奪取に成功したように、野党再編の可能性はあるのでしょうか。ここで詳細に検討しなければならないのは、民主党が一九九六年に出来て、野党を糾合していった時代と現代を比較することです。金持ちはどれも似ているが貧乏人はさまざまだとよく言われますが、私はこれを、金持ちはより金持ちになり、ますます似てくる一方で、貧乏人はますますさまざまな状況で貧乏になっていくと読み替えます。わたしは現在の政局をみていると、まさに強い自民党が派閥を越えてますます強くなり、弱い野党はさまざまなかたちで、より弱くなっていると感じます。

民主党が立ち上がり、政権を執るまでの一三年間、時代はナロウ・パスを軸としたロウ・ポリティクスに入っていました。しかし、時代は体制選択パスを要求するようにも思えます。その典型が原発です。二〇一一年におこった東日本大震災は、福島第二原子力発電所を崩壊させたのです。メルトダウンする原発による汚染地域は拡大するだけではなく、原発は鎮火できるのか、それとも爆発するのかという戦後日本の最大の危機のひとつでした。

以来、有権者の意識も、政党の政策も、原発推進か脱原発か、という体制選択パスを迫られるようになりました。確かに自民党の中にも、原発推進派と、推進反対派がいます。しかし自民党が権力を握っている限り、原発推進、推進反対の対立は権力維持を優先するなかで、大きな対立軸とはなりません。政策よりも権力維持が大事であるという姿勢が自民党の基礎なのです。さらに小選挙区制ですから、執行部に反対した途端、党の公認を得られませんから、自民党議員は衆参両院において執行部の意見に従う傾向が強まります。言い換えれば内部対立は消えていくのです。当然、原発推進の安倍首相の意見が最優先され、議員はそれに追随します。権力を保持している限り、権力の肥大化には、歯止めをかけることができないのです。

さらに自衛隊問題です。憲法九条を改定したい安倍首相の意思は、ここでも自民党議員の細部までいきわたります。安倍政権の特質は、自衛隊が九条違反であるかどうかという論点は横に置き、明確に九条改定に向かうところにあります。しかも、改定する以前に閣議決定で、PKO法案を改定し、武器の使用も認めるのです。歴史的にここまで踏み込んだ防衛への傾斜は、自民党内部でもあり得ませんでした。ですから、反対意見は山崎拓や古賀誠、さらには野中広務のような自民党OBの中からでも続出し、安倍政権に反対の意思表示をします。OBは選挙もなく自由だからモノが言えるのです。さらに集団的自衛権まで閣議決定で認める始末です。行政府における立法行為が頻繁に行われていると言えます。「強者はさらに強くなります」。

このように体制選択パスの課題は、①原発、②自衛隊、③憲法改定に集約されています。この集約された課題に、権力というコアを保持しているため、自民党はさらに課題を推しすすめることができます。集団的自衛権の是認はとても大きな問題で、解釈改憲の幅を大きく逸脱した行為です（豊下楢彦『集団的自衛権とは何か』）。

しかし野党は、この三つの課題に異なった意見を持っていると、それが理由で離反しあうことになります。権力というコアを持たない以上、みずからの党是として、原発推進か、脱原発かを明確にして、有権者と対面したくなります。協力より離反が表に出ます。権力を持っているか、取りに行かねばならないかの違いがここに現れます。さらに共産党を野党連合に入れるか否かも焦点です。日本維新の会、国民民主党の両党は接点を見つけ出す可能性を持ち合わせていますが、立憲民主党とは距離を置いています。それは、立憲民主党が原理原則を妥協しない方針で、脱原発、九条維持、憲法改定に反対の姿勢を取っているからです。当然、立憲民主党の中にも、意見の対立はありますが、先鋭的に反自民を打ち出すには、鮮明に違いを出さなければならないのです。

この過程では、野党が連立していく可能性は極めて低いと言えます。「弱者はより弱くなる」のです。このように国の根幹をなすエネルギー問題、自衛隊問題、憲法改定問題といったハイ・ポリティクスは、民主党形成の時代、すなわち一九九〇年代にはなかったことです。だから緩やかな形で野党が連合して、最終的には民主党でまとまることができたのです。この時代背景を抜きにして、で野党連合、野党共闘は語れません。現在の政治的状況をみると、野党再編から政権奪取という構図を見て取ることは不可能です。繰り返しになりますが、野党はさらに弱くなり離反を重ねていく時代となってしまったのです。

保守二大政党へのシフト

再度確認すれば、民主党が結成されて政権を執るまでに一三年かかっています。だからといって、今のいずれかの野党が大きく成長して政権を執るまでに、同じように一三年かかるかとなると、話はかなり複雑です。言い換えれば、野党は議員政党色が強く、与党＝自民党はそのまま組織政党であり続けることができます。

議員政党が組織政党になるためには、とにもかくにも野党議員を増やすことに尽きます。その際、方法としては、野党共闘以外にないと言っていいでしょう。具体的には、共闘といっても国会で多数派会派を形成することではありません。小選挙区制という選挙制度を利用する以外ないのです。小選挙区制ですから、一選挙区にはA政党かB政党かといった、二者択一の方法をとる以外ないのです。単純な方法ですが、しかし実際問題となると、さまざまな利害が絡んできます。X選挙区から自民対A政党、Y選挙区から自民対B政党と反自民の候補をひとりに絞り込む必要があります。これは理念的には正しいのですが、実際問題としてX選挙区から野党二人の立候補希望者がいた場合、どちらかひとりは政治生命を絶って立候補を断念しなければならなくなります。候補者個人レベルの問題へと課題は裾野に広がっていきます。

この方法を実現するには、かなりの力量が必要とされます。とすると可能性は、野党共闘ではなく、自民の分裂にあります。思えば、一九五五年体制下では、政権交代はなかったものの、政権を担う派閥の交代はしばしば起こりました。これは一種の疑似政権交代だったのです。しかし、ここで問われるべきは、一九九三年に非自民から初めて首相を出した日本新党、さらに二〇〇九年に選挙によって政権をとった民主党は、確かに政権交代ではあったが、一九五五年体制で規定されてきたような保守対革新の枠組での変化だったのかどうかということです。

確かに自治体や地方政治レベルではこのイデオロギー対立による交代はありました。革新派と呼ばれる首長が選ばれていた時期があります。具体的には、東京都の美濃部都政、大阪府の黒田府政、京都府の蜷川《になかわ》府政などです。しかし、いざ国政となると、保革対決という構図で政権交代は起きてはいません。よりわかりやすく説明すると、民主党政権下における民主対自民は、革新＝民主、保守＝自民という構図ではなく、民主党も革新のように見えていたものの、実は保守性を帯びた政党だったのです。端的にいえば、保守二大政党の争いだったのです。

二〇一七年九月、希望の党を総選挙前に立ち上げた小池百合子はこの構図を熟知していたと言っていいでしょう。小池を少し高く評価し過ぎですが、しかし政治の構図を読む力には、群を抜いたものがありました。彼女は保守二大政党を基本とし、保守＝自民に代わる、もうひとつの保守＝希望の党を選択肢としてつくろうとしたのです。まさに保守の一翼を担うために希望の党を設立し、これに民進党を合流させようとしました。その瞬間支持率は自民に迫るものがありました。それはまさに有権者の多くは保革対立ではなく、自民の受け皿として、新たな保守を求めていたのです。

そのことを理解したうえで言えば、野党共闘のみならず、自民の分裂がこれを後押ししなければ、まず政権交代はないと言っても過言ではないでしょう。ただ自民党が分裂する気配はありません。小選挙区制ですから、ますます権力の中枢に巻き込まれていくのです。安倍総裁への対抗馬は、それなりに語られます。野田聖子は総裁選挙への出馬を表明しています。石破茂も、またポスト安倍の一員でもあります。さらに自民党の保守本流を形成した宏池会の後継者、岸田文雄の名前もあがります。しかし、それはたとえ「反安倍」であったとしても、決して反自民ではないのです。

表でリベラルを説きながら、実際には保守にとどまる立候補者が野党から出てくるでしょうか。小選挙区制、政党助成金の二大システムの中では、将棋の駒、それも「歩」的存在の候補者しか出てこないのが実情です。すでに述べたように「キャリア候補」は、もういないのです。いや存在したとしても、その「キャリア候補」、具体的には元官僚のような候補者の受け皿となる力量のある野党は皆無です。その意味では、議員政党自身、勢力拡大どころではなく、それ自身が存亡の危機に立っているのです。

小国日本のすすめ

さて政権交代の可能性ですが、一定の結論から言えば、二〇一二年の民主党の敗北以来、自民党に代わる政党は皆無の状態です。通常の緊張感のある政局であれば、安倍首相と森友学園国有地払下げ問題、加計学園の獣医学部新設についての忖度の問題は、十分に安倍政権を倒せるスキャンダルですが、いつの間にか、新聞、テレビなどのメディアも安倍批判の姿勢を著しく失っています。当時の『文藝春秋』が、田中角栄を退陣、逮捕にまで追い込んだ報道の力は、今は感じられません。逆に言えば、政権維持にはメディア統制が必要だとした安倍戦略が功を奏しているのかもしれません。とくに今井首相秘書官らによる、スキャンダルの争点そらしやダメージコントロール、またタイミングを見計らった首相のメディアへの露出などその手練手管は目を見張るものがあります。

ところで、現代日本政治の最大の課題は、かつてないほどに体制選択パスを政党の政策課題に挙げないといけない時代に入ったことにあります。原発、九条、自衛隊、安保体制など、まさにこれからの日本を見据える課題が目白押しに並び始めたのです。

第五章でも詳しく、その課題について述べましたし、体制選択パスの時代には、野党は統合するのに困難を感じるのです。原発問題ひとつを取り上げても、野党間で統一見解を出すことは、至難の技です。他方、自民党は政権維持が最優先課題ですから、自民党内部で原発問題に賛否があっても、総裁の意向に収斂していくのです。それは、小選挙区制の下で、公認をとるために総裁に反旗をひるがえせない状況にあるからです。

そのことを念頭に置いて、今まで語られてこなかったし、多分あまり語られることもないであろう体制選択パスの話しをして、本書を締めくくろうと考えています。わたしが勧める体制選択パスとは何なのか。それは「小国日本のすすめ」です。明治以来、日本は軍事大国の道を歩んできました。さらに戦後では、経済大国の夢の実現に向けて走ってきたのが日本の姿です。

この間、「小国日本」がテーマになったことはあまりありません。歴代自民党総裁で「小国日本」を一貫して問い続けてきたのは短命政権の石橋湛山でした。東洋経済新報の礎を築いた石橋は、戦前の軍事大国にひた走る日本政治の状況下でも、なお小国日本を政治理念として掲げて来ました。それから新党ブームで沸いたころ、さきがけの武村正義も「小さくともキラリと光る国」というフレーズをだしたことがあります。が、その程度しか思い出せません。最近の鳩山友紀夫(由紀夫)が掲げる「脱大日本主義」もその系譜に属するかもしれません。鳩山は民主党政権を崩壊させた「戦犯」の一人としてのイメージもあり、沖縄など一部の地域や評論家のなかでは評価されるむきもありますが、日本全体にその主張は広がりを持ち得ていません。

確かに、選挙に勝つためには、より大きな目標、より強い目標を立てない限り勝利しないという慣性があります。現状をさらに拡大する、それが選挙手法であったのです。ですから、小国日本を政党のマニフェストとして掲げても、多くの支持を得ることは困難であることは、選挙の常識といえるでしょうし、政権奪取のスローガンも同じなのです。しかし、その裏に過労死があり、職場でのパワハラが横行したり、年間三万人の自殺者を出すという犠牲を払っているのです。いいかえれば「背伸びする日本」、それが現実の姿でしょう。

だとするなら、人口減少も受け入れ、高齢化も少子化も、そして過疎化も受け入れる政党が現れてもいいのではないかと考えています。確かに経済的パイは小さくなります。しかし、過労死や自死する人は、減少するに違いありません。ブータンではありませんが、国民総生産を上げるのではなく、国民総幸福(Gross National Happiness)が目的となる政策転換はできないものでしょうか。

序章で取り上げましたが、時代の大きな変化は、「思想家」⇒「運動家」⇒「技術者」を必要とします。とりわけ少子高齢化に典型的に見られる日本の転換期には「思想家」の誕生を必須としています。明治維新前夜には、吉田松陰が、敗戦後民主化日本の再建には、丸山眞男が登場しています。しかし、一九七〇年以降、社会は、社会科学も含め「技術者」オンリーの時代に変化してしまいました。安倍政権の憲法問題も、自衛隊を技術的にどう位置付けるかが課題であって、憲法の思想というかたちを取ってはいないのです。

他方、科学はＡＩに走り人工頭脳の完成を求めています。どこまで行っても、技術オンリーなのです。この本の位置について序論で述べましたが、制度論から、自国論から解放された思想の時代こそ、求められているのです。かつての「大日本帝国」を夢想する思想集団が顕著になる現在、新たな「思想」が必要なのです。今、歴史の転換期にあります。初心に戻れば、「思想」⇓「運動」⇓「技術」の変化を経験した日本はリセットの時代にあり、時代を開く「思想」こそ、求められているのです。

ハンナ・アレントやミシェル・フーコーがいまだに、わたしたちの心を引きつけて離さないのは、そこに人類史を超えた思想が描かれているからなのです。今一度、「思想としての政治学」の創造を、わたしは求めてみたいと思っています。

参考文献

参考文献は、この本を書くために参考にしたと同時に、読書案内を兼ねています。学術書より親しみやすい新書を、より多く取り上げました。

飯田経夫『豊かさとは何か　現代社会の視点』(講談社現代新書　一九八〇年)
飯田経夫『「ゆとり」とは何か　成熟社会を生きる』(講談社現代新書　一九八二年)
飯田経夫『「豊かさ」のあとに　幸せとは何か』(講談社現代新書　一九八四年)
五百旗頭真・伊藤元重・薬師寺克行編『小沢一郎　政権奪取論』(九〇年代の証言)(朝日新聞社　二〇〇六年)
五百旗頭真・伊藤元重・薬師寺克行編『宮沢喜一　保守本流の軌跡』(九〇年代の証言)(朝日新聞社　二〇〇六年)
五百旗頭真・伊藤元重・薬師寺克行編『森喜朗　自民党と政権交代』(九〇年代の証言)(朝日新聞社　二〇〇七年)
五百旗頭真・伊藤元重・薬師寺克行編『野中広務　権力の光芒』(九〇年代の証言)(朝日新聞社　二〇〇八年)
石川真澄・山口二郎『戦後政治史』(第三版)(岩波新書　二〇一〇年)
イーストン、デヴィッド(山川雄巳訳)『政治体系　政治学の状態への探究』(ぺりかん社　一九七六年)
猪口孝『国際政治経済の構図　戦争と通商にみる覇権盛衰の軌跡』(有斐閣新書　一九八二年)
猪口孝『現代日本政治経済の構図　市場と政府』(東洋経済新報社　一九八三年)
猪口孝『国家と社会』(現代政治学叢書一)(東京大学出版会　一九八八年)
猪口孝『現代国際政治と日本　パールハーバー五〇年の日本外交』(筑摩書房　一九九一年)
猪口孝『現代日本外交　世紀末変動のなかで』(筑摩書房　一九九三年)
猪口孝『日本　経済大国の政治運営』(東京大学出版会　一九九三年)
猪口孝『現代日本政治の基層』(ＮＴＴ出版　二〇〇二

年）
猪口孝『日本政治の特質と普遍』（NTT出版　二〇〇三年）
猪口孝・岩井奉信『「族議員」の研究　自民党政権を牛耳る主役たち』（日本経済新聞社　一九九二年）
岩崎育夫『現代アジア政治経済学入門』（東洋経済新報社　二〇〇〇年）
岩崎育夫『アジア政治を見る目　開発独裁から市民社会へ』（中公新書　二〇〇一年）
岩崎育夫『入門　東南アジア近現代史』（講談社現代新書　二〇一七年）
岩下明裕『北方領土問題　4でも、0でもなく』（中公新書　二〇〇五年）
岩下明裕『北方領土・竹島・尖閣、これが解決策』（朝日新書　二〇一三年）
岩下明裕『入門　国境学　領土、主権、イデオロギー』（中公新書　二〇一六年）
内山融『小泉政権　「パトスの首相」は何を考えたのか』（中公新書　二〇〇七年）
梅林宏道『在日米軍　変貌する日米安保体制』（岩波新書　二〇一七年）
大嶽秀夫『現代日本の政治権力経済権力』（三一書房　一九七九年）
大嶽秀夫『再軍備とナショナリズム　保守、リベラル、社会民主主義者の防衛観』（中公新書　一九八八年）
大嶽秀夫『戦後政治と政治学』（東京大学出版会　一九九四年）
大嶽秀夫『日本政治の対立軸　九三年以降の政界再編の中で』（中公新書　一九九九年）
大嶽秀夫『日本型ポピュリズム　政治への期待と幻滅』（中公新書　二〇〇三年）
大嶽秀夫『小泉純一郎ポピュリズムの研究　その戦略と手法』（東洋経済新報社　二〇〇六年）
大嶽秀夫『新左翼の遺産　ニューレフトからポストモダンへ』（東京大学出版会　二〇〇七年）
大嶽秀夫『フェミニストたちの政治史　参政権、リブ、平等法』（東京大学出版会　二〇一七年）
小沢一郎『日本改造計画』（講談社　一九九三年）
大山礼子『日本の国会　審議する立法府へ』（岩波新書　二〇〇一年）
オルテガ・イ・ガセット、ホセ（神吉敬三訳）『大衆の反逆』（ちくま学芸文庫　一九九五年）

岡沢憲芙『スウェーデン現代政治』(東京大学出版会　一九八八年)
岡沢憲芙『政党』(現代政治学叢書一三)(東京大学出版会　一九八九年)
岡沢憲芙『スウェーデンの挑戦』(岩波新書　一九九一年)
加藤朗『日本の安全保障』(ちくま新書　二〇一六年)
柿埼明二『検証　安倍イズム　胎動する新国家主義』(岩波新書　二〇一五年)
カーティス、ジェラルト(山岡清二訳)『代議士の誕生　日本保守党の選挙運動』(サイマル出版会　一九七一年)
カーティス、ジェラルド『「土建国家ニッポン　「世界の優等生」の強みと弱み』(光文社　一九八三年)
加藤秀治郎『日本の選挙　何を変えれば政治が変わるのか』(中公新書　二〇〇三年)
蒲島郁夫『政治参加』(現代政治学叢書六)(東京大学出版会　一九八八年)
神谷不二『朝鮮戦争　米中対決の原形』(中公文庫　一九九〇年)
カルダー、ケント・E(淑子カルダー訳)『自民党長期政権の研究　危機と補助金』(文藝春秋　一九八九年)
河合雅司『未来の年表　人口減少日本でこれから起きること』(講談社現代新書　二〇一七年)
京極純一『日本の政治』(東京大学出版会　一九八三年)
高坂正堯『宰相吉田茂』(中央公論社　一九六八年)
古賀純一郎『政治献金　実態と論理』(岩波新書　二〇〇四年)
コーンハウザー、ウィリアム(辻村明訳)『大衆社会の政治』(東京創元社　一九六一年)
佐々木毅『いま政治に何が可能か　政治的意味空間の再生のために』(中公新書　一九八七年)
佐々木毅『自民党は再生できるのか』(日本経済新聞社　一九八九年)
佐々木毅『政治に何ができるか』(講談社　一九九一年)
佐々木毅『政治はどこへ向かうのか』(中公新書　一九九二年)
佐々木毅『アメリカの保守とリベラル』(講談社学術文庫　一九九三年)
佐々木毅『政治家の条件』(講談社　一九九五年)

佐々木毅『政治学講義』(東京大学出版会　一九九九年)
佐々木毅他『代議士とカネ　政治資金全国調査報告』(朝日選書　一九九九年)
佐々木毅『政治学は何を考えてきたのか』(筑摩書房　二〇〇六年)
佐藤誠三郎・松崎哲久『自民党政権』(中央公論社　一九八六年)
佐瀬昌盛『集団的自衛権　論争のために』(PHP新書　二〇〇一年)
佐道明広『自衛隊史　防衛政策の七〇年』(ちくま新書　二〇一五年)
サルトーリ、ジョヴァンニ(岡沢憲芙・川野秀之訳)『現代政党学　政党システム論の分析枠組み』(早稲田大学出版部　二〇〇九年)
下斗米伸夫『アジア冷戦史』(中公新書　二〇〇四年)
ジョンソン、チャルマーズ(矢野俊比古訳)『通産省と日本の奇跡』(TBSブリタニカ　一九八二年)
鈴木美勝『日本の戦略外交』(ちくま新書　二〇一七年)
竹中治堅『首相支配　日本政治の変貌』(中公新書　二〇〇六年)
高畠通敏『政治の論理と市民』(筑摩書房　一九七一年)
高畠通敏『政治学への道案内』(三一書房　一九七六年)
高畠通敏『現代日本の政党と選挙』(三一書房　一九八〇年)
高畠通敏『政治の発見　市民の政治理論序説』(三一書房　一九八三年)
高良倉吉編『沖縄問題　リアリズムの視点から』(中公新書　二〇一七年)
立花隆『田中角栄研究』(講談社　一九七六年)
ダール、ロバート(高畠通敏・前田脩訳)『ポリアーキー』(岩波文庫　二〇一四年)
ドーア、ロナルド『日本の転機　米中の狭間でどう生き残るか』(ちくま新書　二〇一二年)
豊下楢彦『安保条約の成立　吉田外交と天皇外交』(岩波新書　一九九六年)
豊下楢彦『集団的自衛権とは何か』(岩波新書　二〇〇七年)
豊下楢彦・古関彰一『集団的自衛権と安全保障』(岩波新書　二〇一四年)
中北浩爾『現代日本の政党デモクラシー』(岩波新書　二

〇一二年）
中北浩爾『自民党政治の変容』（ＮＨＫ出版　二〇一四年）
中北浩爾『自民党「一強」の実像』（中公新書　二〇一七年）
中野晃一『右傾化する日本政治』（岩波新書　二〇一五年）
中村隆英『昭和史』上・下（東洋経済新報社／文庫版二〇一二年）
日本再建イニシアティブ『民主党政権　失敗の検証　日本政治は何を活かすか』（中公新書　二〇一三年）
日本再建イニシアティブ『「戦後保守」は終わったのか　自民党政治の危機』（角川新書　二〇一五年）
長谷川毅『暗闘　スターリン、トルーマンと日本降伏』上・下（中公文庫　二〇一一年）
服部龍二『中曽根康弘「大統領的首相」の軌跡』（中公新書　二〇一五年）
林芳正・津村啓介『国会議員の仕事　職業としての政治』（中公新書　二〇一一年）
原彬久『岸信介　権勢の政治家』（岩波新書　一九九五年）
原彬久『戦後史のなかの日本社会党　その理想主義とは何であったのか』（中公新書　二〇〇〇年）
原彬久『吉田茂　尊皇の政治家』（岩波新書　二〇〇五年）
福永文夫『大平正芳「戦後保守」とは何か』（中公新書二〇〇八年）
細谷雄一『安保論争』（ちくま新書　二〇一六年）
前田正子『保育園問題　待機児童、保育士不足、建設反対運動』（中公新書　二〇一七年）
増田弘『石橋湛山　リベラリストの真髄』（中公新書　一九九五年）
増田弘『自衛隊の誕生　日本の再軍備とアメリカ』（中公新書　二〇〇四年）
増田寛也編著『地方消滅　東京一極集中が招く人口急減』（中公新書　二〇一四年）
松岡完『ベトナム戦争　誤算と誤解の戦場』（中公新書二〇〇一年）
松下圭一『現代政治の条件』（中央公論社　一九五九年）
松下圭一『市民政治理論の形成』（岩波書店　一九五九

年）
松下圭一『戦後民主主義の展望』（日本評論社　一九六五年）
松下圭一『シビル・ミニマムの思想』（東京大学出版会　一九七一年）
松下圭一『市民文化は可能か』（岩波書店　一九八五年）
松下圭一『都市型社会の自治』（日本評論社　一九八七年）
松下圭一『政策型思考と政治』（東京大学出版会　一九九一年）
松下圭一『戦後政治の歴史と思想』（ちくま学芸文庫　一九九四年）
松下圭一『日本の自治・分権』（岩波新書　一九九六年）
松下圭一『政治・行政の考え方』（岩波新書　一九九八年）
松下圭一『自治体は変わるか』（岩波新書　一九九九年）
松下圭一『戦後政党の発想と文脈』（東京大学出版会　二〇〇四年）
松下圭一『転型期日本の政治と文化』（岩波書店　二〇〇六年）
升味準之輔『戦後政治　一九四五—一九五五年』上・下（東京大学出版会　一九八三年）
升味準之輔『現代政治　一九五五年以後』上・下（東京大学出版会　一九八五年）
丸山眞男『日本政治思想史研究』（東京大学出版会　一九五二年）
丸山眞男『政治の世界』（御茶の水書房　一九五二年）
丸山眞男『日本の思想』（岩波新書　一九六一年）
丸山眞男『現代政治の思想と行動』（上・下合本、増補版）（未来社　一九六四年）
丸山眞男『戦中と戦後の間　一九三六—一九五七』（みすず書房　一九七六年）
丸山眞男『後衛の位置から』（未来社　一九八二年）
丸山眞男『「文明論之概略」を読む』上・中・下（岩波新書　一九八六年）
丸山眞男『忠誠と反逆　転形期日本の精神史的位相』（筑摩書房　一九九二年）
宮城大蔵『現代日本外交史　冷戦後の模索、首相たちの決断』（中公新書　二〇一六年）
村上泰亮『新中間大衆の時代　戦後日本の解剖学』（中央公論社　一九八四年）

薬師寺克行『公明党　創価学会と五〇年の軌跡』（中公新書　二〇一六年）
矢代尚宏『シルバー民主主義　高齢者優遇をどう克服するか』（中公新書　二〇一六年）
山口二郎『政権交代とは何だったのか』（岩波新書　二〇一二年）
山崎史郎『人口減少と社会保障　孤立と縮小を乗り越える』（中公新書　二〇一七年）
屋良朝博『砂上の同盟　米軍再編が明かすウソ』（沖縄タイムス社　二〇〇九年）
屋良朝博・野添文彬・山本章子『日常化された境界　戦後の沖縄の記憶を旅する』ブックレット・ボーダーズ4（北海道大学出版会　二〇一七年）
吉川洋『高度成長　日本を変えた六〇〇〇日』（二〇世紀の日本　⑥）（読売新聞社　一九九七年）
吉川洋『人口と日本経済　長寿、イノーベション、経済成長』（中公新書　二〇一六年）
吉田徹『「野党」論　何のためにあるのか』（ちくま新書　二〇一六年）
読売新聞二〇世紀取材班編『二〇世紀　大衆社会』（中公文庫　二〇〇二年）
リースマン、デイヴィッド（加藤秀俊訳）『孤独な群衆』上・下（みすず書房　二〇一三年）
リンドブルム、チャールズ／エドワード・ウッドハウス（藪野祐三・案浦明子訳）『政策形成の過程　民主主義と公共性』（東京大学出版会　二〇〇四年）
レイプハルト、アーレンド（内山秀夫訳）『多元社会のデモクラシー』（三一書房　一九七九年）

解説

薮野政治学の特徴とその魅力

熊野直樹

薮野政治学なるものの守備範囲

薮野政治学なるものの守備範囲は非常に広く、政治社会学、国際政治、日本政治、比較政治に及ぶ。それは、本書を除く一六冊にも及ぶ単著が物語る。本書は、その薮野政治学の総決算ともいえる内容になっている。しかし、薮野政治学の真骨頂は、政治学方法論にこそある。この政治学の方法に関する独自でかつ切れ味鋭い一連の良質の研究業績があるからこそ、現代日本の政治分析の独特なあじわいがあるのである。本書だけをもって、ゆめゆめ薮野政治学総体を評価してはならない。評者が「初期三部作」と名づける現代政治学の方法論分析に関する三冊に及ぶ単著を読まずして薮野政治学を総括してはならない。これらを読めば、薮野政治学の深さと広さ、そして重さが理解できることであろう。

このように薮野政治学は、政治学方法論を中心に政治社会学を始めとした幅広い専門領域を守備範囲としている。これらの長年にわたる研究のエッセンスが本書の随所に盛り込まれている。しかしながら、こうした守備範囲すべてを踏まえたうえで藪野政治学の全貌を紹介し、評価するのは、この限られた字数では無理であるし、評者の能力をはるかに越えるものである。そこで以下では、政治学方法論と日本政治、すなわち藪野政治学の方法論分析とその現代日本政治分析への適用を中心に、藪野政治学の特徴とその魅力について紹介することにしたい。

藪野政治学の時期区分

藪野政治学を時期区分すると、主に三つの段階に分けることができよう。

〈初期〉現代政治学の方法論分析　この時期に政治学方法論について書かれた単著が、『現代政治学の位相』（九州大学出版会、一九八一年）、『現代政治学の方法』（法律文化社、一九八一年）、『近代化論の方法』（未来社、一九八四年）である。評者が「初期三部作」と名づける三冊だ。さらに戦後日本の政治学を方法論の観点から時期区分した画期的な論文が「丸山真男とアメリカ政治学」『法政論集』第一一巻第二号、一九八三年、「『運動の政治学』の構造」『法学雑誌』第三〇巻第三・四号、一九八四年、「『科学としての政治学』の方法」『法政論集』第一二巻第一号、一九八四年である。以上三点の論文は加筆修正され、『先進社会＝日本の政治（Ⅰ）』（法律文化社、一九八七年）に収録されている。

〈二期〉政治社会学＝ソシオ・ポリティクスによる現状分析　この時期に政治社会学という方法によって、先進社会の日本政治の現状を分析した単著が『先進社会のイデオロギー（Ⅰ）』（法律文化社、

一九八六年)、前掲『先進社会＝日本の政治(Ⅰ)』、『先進社会＝日本の政治(Ⅱ)』(法律文化社、一九九〇年:増補版:二〇〇六年)、『先進社会＝日本の政治(Ⅲ)』(法律文化社、一九九三年)、『日本政治の未来構想』(PHP研究所、一九九四年)である。

〈三期〉ローカルの政治社会学確立の試み　三期に書かれたのが、『ローカル・イニシアティブ』(中央公論社、一九九五年)、『先進社会の国際環境(Ⅰ)』(法律文化社、一九九五年)、『先進社会の国際環境(Ⅱ)』(法律文化社、一九九八年)、『先進社会のイデオロギー(Ⅱ)』(法律文化社、二〇〇一年)、『ローカル・デモクラシー(Ⅰ)・(Ⅱ)』(法律文化社、二〇〇五年)、『失われた政治』(法律文化社、二〇〇九年)、『社会力の市民的創造』(法律文化社、二〇一〇年)である。

以上の時期区分における藪野政治学の方法論上の特徴をまとめるならば、初期＝現代政治学の方法論分析→二期＝政治社会学の方法による政治社会論の現状分析→三期＝政治社会学による政治社会＝ローカルの現状分析となろう。このように、初期の分析対象は主に方法論であったが、二期になると分析対象が、政治社会論へと転回し、三期には分析対象が政治社会＝ローカルの実態そのものへと移行している。

しかしながら、初期から本書を含む三期までに通底する問題意識は、政治分析においては時代の政治思想を読み取るとともに、自然科学的な意味での政治学の科学主義化を排斥し、政治の変革の可能性をイデオロギー空間の中に見つけ出すことである。これこそが、藪野政治学における政治社会学の方法論的特質といえる。さらには、新たな現実を分析するための道具の革新、すなわち新たな方法論の確立の試みもまた藪野政治学の特徴といえよう。この新たな方法論の模索こそが、藪野政治学の軌跡であるといえる。本書においてもこの新たな方法論の確立といった問題意識は貫徹されている。

「方法論としての政治学」

以上を踏まえて藪野政治学の特徴と魅力を一言で表すならば、「方法論としての政治学」といえよう。事実、方法論についてのこだわりは自覚的だ。方法的武装のない原像の確定は、歴史の転轍士としての役割を果たさないという確信の下、方法を支える概念の中へ深化するとともに、その概念をテコとして状況へ飛翔するというのが、藪野政治学の方法論の意義である（前掲『現代政治学の位相』）。現状の分析には方法論の精緻化が必要であるという確信は、本書をも貫いている。

本書は、現代日本政治の分析の書であるが、そのための方法論的精緻化については、「初期三部作」を中心にこの間、十分に鍛練されているのである。その際、アメリカ社会科学の方法論の鋭い分析とその体系的な把握がなされている。これこそが藪野政治学最大の魅力の一つであり、他の追随を許さない見事な方法論分析を行っている。例えば、D・イーストンといったアメリカの代表的な政治学者の作品の方法論上の特質を的確に抽出し、それを見事に読者に分類整理ないしはカテゴライズして開陳する業は、まさに離れ業である。その際、作品の背景にある、ないしは研究者自身が必ずしも明確に意識していない方法論上の特質を的確に掬い出し、説得的に提示できるのが藪野政治学の方法論上の特徴である。

作品の方法論を分析する場合、「事実―認識」、「目的―手段」、「分析方法―分析対象」、「抽出モデル（歴史的・帰納的）―適用モデル（一般的・演繹的）」、「主意主義―機能主義」等の視角から方法論の論理内在的批判、比較、類型化がなされ、論理整合性と理論の純化の是非と完成度が検討される。その際、特に作品の方法的整合性が鋭く問われることになる。

こうした分析視角を駆使して藪野政治学の傑作の一つである、前掲『近代化論の方法』においては、近代化論の方法的不整合として、近代化論が用意した個人類型論の中に「意識の作用」が欠如していることを見事に論証している。一九六〇年代に全盛を極めた近代化論が伝統と近代を連続して捉える「連続モデル」であり、先進と後進の関係は一定方向の時系列の中で同一線上に前後関係として位置づけられるという単線的な歴史認識を有していたことの論証は、まさに目から鱗である。そのうえで近代化論は、その方法論の革新とそれをテコとした新たな歴史認識の確定をその課題とし、この作業こそが現代社会を打開する方途であると指摘している。この課題はその後の「先進社会シリーズ」に受け継がれ、本書においても新たな歴史認識の提唱がなされている。現在を「リセットの時代」と捉える本書において、発展途上国のブータンにこそ先進社会日本の今後の依拠すべき価値基準（＝国民総幸福）があるとの指摘は、まさに新たな歴史認識の提唱の一つであろう。

藪野政治学の方法論

藪野政治学のさらなる特徴として、その広くて深い古典的教養、すなわち古今東西の思想に対する深い造詣を指摘できる。まさにこれを基に分析のツールが構築されているのである。現状分析を行う際に、決して思いつきではなく、広くて深い古典的教養に裏づけられた分析枠組みと用語が策定されている。社会科学の古典に対する深い造詣こそが藪野政治学の知的源泉であり、方法論的基礎をなすのである。政治学、経済学、社会学を始めとした社会科学の古典を縦横無尽に駆使して分析用語が開発され、それに基づいて現状分析がなされている。その際、しばしば政治が経済のアナロジーで説明され、A・スミスやK・マルクスの作品がよく援用される。彼らの作品の方法の論理展開の分析を行い、それとの対比で政治の論理が説明される。アナロジーと機能連関が、その際の分析方法といえる。

また藪野政治学の方法論の特徴の一つは、思想を手がかりとして、歴史的ではなく、論理的な意味での政治社会の構成原理を機能的に分析し、展開していくことにある。その意味で、歴史主義的な思想史分析ではなく、丸山真男がいうところの思想論的分析にあたる。

以上の意味で、社会科学の古典における思想を手がかりに演繹的に導き出された「適用モデル（一般的・演繹的）」が藪野政治学を通底する方法論であるといえよう。その際、基本的にマトリクスがその都度作成され、それが分析枠組みとして利用される。その場合の方法論は、T・パーソンズのA（適応）―G（目標達成）―I（統合）―L（パターン維持）の交換図式の影響を受けている。というのは、パーソンズはG（目標達成）機能こそが政治だと規定しているが、彼の交換図式が社会と政治との関係において、社会を機軸とし、政治をその中に取りこむ関係を描いているからである。このように藪野政治学の方法論は、基本的にアメリカ社会学の影響を強く受けており、構造・機能主義であり、自らの分析方法については、その効用と限界を十分に理解し方法的整合性に注意して使用している。政治学方法論を得意とする藪野政治学の特質だ。

その際、マトリクスによる現状分析の結果が、その都度図示化される。読者としては、茫漠としてわかりにくい現実政治が明快にマトリクスによって図示化されるために、まさに霧が晴れた印象を受ける。これもまた藪野政治学の魅力の一つでもあろう。いわば政治現象の図式化による視覚化こそが、その特徴でもあろう。それにアナロジーもまた加わり、現状の分析結果が一般読者にとってもより理解しやすくなる。政治学方法論や思想の古典的教養に裏付けられた図式化と的確なアナロジーによる現状分析の明快さもまた、藪野政治学の特徴であり、魅力であろう。本書はその特徴と魅力が存分に発揮されている。

「政治システム」と「政治社会」

藪野政治学は「初期三部作」において、イーストンの「政治システム」の方法論の特質と問題点を鋭く解明しており、「政治システム」の体系的把握もまた得意としている（前掲『現代政治学の方法』）。そこから「政治システム」の構造として、「政治決定」、「政治過程」、「政治社会」といった三層を導出し、これが藪野政治学における現状分析の重要な構造的な分析視角となっている。この三層の「政治システム」の構造のうち、藪野政治学においては、とりわけ「政治社会」への着目とその分析が主になされる。

藪野政治学によると「政治システム」は、具体的には「①市民や市民団体が構成する政治社会、②利益、圧力団体が構成する政治過程、③政党が構成する政治決定の三つの層から形成されている」（前掲『失われた政治』四六頁）という。「政治社会」を主たる分析対象とし、社会学的方法、すなわちアメリカ社会学と知識社会学を主たる方法論として依拠してきた藪野政治学は、それ故、自己認識としては政治社会学と称することになる。政治学の本質を「無限の合意化過程分析」と規定する藪野政治学において採用された方法が社会学的方法であり（前掲『現代政治学の位相』二七一頁）、その意味で藪野政治学は政治社会学と自己規定される。また政治学は社会の構成原理を発条として形成されるべきとする藪野政治学においては、社会の構成原理を発条とする限りにおいて、政治学は政治社会学でなければならないのである。それ故、藪野政治学＝政治社会学にとっては、政治社会を構成する市民や市民団体、特に市民が具体的な分析の対象となる。近年における市民への着目は、藪野政治学の展開として当然の帰結といえる。

その分析のツールとして、ローカルという概念が藪野政治学においては重要な特徴となる。ローカル概念は「イニシアティブ」への着目とそれに基づく「デモクラシー」論へと展開されており、近年では市民への関心がなされている。「政治社会」分析のツールを発展させてきたことが、藪野政治学、すなわち藪野政治社会学＝ソシオ・ポリティクスの展開であり、その特徴といえよう。

戦後日本の政治学の時期区分

藪野政治学の政治学界に対する貴重な貢献の一つに戦後日本の政治学を的確に時期区分し、分類整理を行い、見事にその特質を提示した点である。その際、主な分析視角は、藪野政治学が最も得意とする方法論分析である。そこでは、戦後の日本の政治学を、第一期「思想としての政治学」、第二期「運動としての政治学」、第三期「科学としての政治学」として区分し、三期にわたる位相運動の中で捉えている。

丸山らを中心とした第一世代が政治を思想として語り、すなわち「思想としての政治学」を語り、それに続く高畠通敏や松下圭一らは「運動としての政治学」を語り、日本の民主化こそ彼らのラディカルな課題であったという。しかし、大嶽秀夫や猪口孝を始めとする第三世代は、ＧＮＰ大国日本の民主化はすでに十全に実現されており、その地平で「科学としての政治学」を語り始めたとされる。こうした戦後日本政治学の時期区分は、まさにコロンブスの卵で、きわめて説得的なものといえる。この時期区分とこの学説理解は、本書においても直接反映されている。

藪野政治学の自己理解としては「運動としての政治学」の世代に属すると本書で告白されているが、それは十分に首肯できる。一九八四年に発表された論文において、「思想としての政治学」に対する「運動としての政治学」の批判として、「民衆の生活圏に根ざした生活状況の中から、ひとりひとり主体を確立する運動こそ必要とされるに違いない」(傍点原文)とされ、「日常性の中での主体の確立」が主張されている(前掲「『運動の政治学』の構造」二三八頁)。この主張がローカル、すなわち「自らが直面する課題を解決するための生活圏の空間的広がり」(前掲『ローカル・デモクラシー(I)』一四頁)への着目、そして市民自治への希望と期待並びに市民的可能性へと展開されていくこととなったのである。しかし、既に当時において個人化することによって民衆が私人化する危険が指摘されていた。この危惧が本書において改めて「私生活保守主義」の問題として指摘されている。

「構造崩壊」の時代における課題

近年、藪野政治学では、官から民へ、あるいは国家から市場へという流れに対して、国家から地域へという分権化の流れを提示している。その際、一九八〇年代の新保守主義の源流に立ち戻り、その流れのなかで二一世紀の民営化論議を整理している。アベノミクスの分析にも有効であろう。こうした民営化に対して分権化こそが必要とされているという。新保守主義を「構造崩壊」の時代として捉え、さらには「現代版スペンサー主義」の時代として捉えている点は斬新でいまなお重要な問題点を指摘しているといえよう。「構造崩壊」における構造とは、一九六〇年型の「大きな政府」を中心とした成長型政治を意味しており、崩壊とはそのタイプの終焉を意味しているという。現在の日本政治が抱えている問題は、歴史的な課題と思想的な課題、すなわちデータ分析(=「科学としての政治学」)が最も不得意とする課題を抱えているとされる。それ故、歴史と思想的な課題は、思想史的な課題にほかならないとされ、歴史的に現在の状況を分析する方法の確立と思想的に現在の状況を分析する方法の確立が課題とされる（前掲『先進社会＝日本の政治（Ⅱ）〈増補版〉』、前掲『ローカル・デモクラシー（Ⅰ）』）。特にこの課題への取り組みこそが藪野政治学の得意とするところであり、特徴でもある。このように現代政治の思想論的な分析こそが、行動論以後のアメリカ政治学の方法論批判や「科学としての政治学」批判において指摘した価値判断分析ないしはイデオロギー分析の欠如、すなわち歴史認識や思想的な課題の欠如に対する批判を踏まえた上で、藪野政治学が一貫して追究してきた方法論なのである。

「失われた政治」

二一世紀の日本において産業構造の転換や第三次産業の隆盛によって「現代版スペンサー主義」を謳歌する東京とそれによって過疎化し産業の空洞化を経験する地方に二極化している。そうしたなか後者に着目し、地方からの問題提起が二一世紀に入ってからの藪野政治学の主旋律となっている。その際の分析ツールが、国家から地域へ、ローカル・イニシアティブ、ローカル・デモクラシーという用語である。

二一世紀の日本において社会的共通資本が「ハード型」から「ソフト型」へ移行した結果、政治はすでに失われ、時代は「ソフト型」へとシフトしているとされる。政治は失われても、民主主義の底辺である自治が失われたわけではない。むしろ、政治が失われた結果、民主主義を底辺とした自治が活動を始めることができた。市民は自らの手で自らの地域という社会を創造し、維持し、管理している。政治は失われても、政治の代替機能を市民が担う。自治という民主主義が、まさに失われた政治の後に市民の手中に入ったとされる。イニシアティブは政府ではなく、地域＝ローカルがとらなければならないし、またとることを時代は可能にしているという（前掲『失われた政治』）。政治の代替機能の視角からの市民への着目は、まさに構造・機能主義を特質とする藪野政治学の真骨頂であるといえよう。

「リセットの時代」における「新たな思想」の必要性

「科学としての政治学」への一貫した批判が藪野政治学の特徴であるが、データ解析中心の現代の政治学では捉えられなくなっている日本の政治を、「思想としての政治学」の原点に回帰しながら、分析しているのが本書である。本書の問題意識は、現代の日本政治は「リセットの時代」を迎えたというものである。それ故に、再び「思想としての政治学」が必要とされる。「運動としての政治学」に属するという自己認識の著者が、新たなる「思想としての政治学」を提唱している点は、本書の特徴でもある。

本書において有権者を「市民」と「大衆」に区分した点は斬新で、「ポピュリズムの時代」における市民論の独自な主張がなされている。分権とは地方分権ではなく、ナショナル文化がローカル文化に変容する過程を意味するという。その際の例示として、ＡＫＢ、ＨＫＴやコンビニといった身近な例を持ち出すあたりもまた「アナロジーの政治学」としての藪野政治学の面目躍如といえよう。一〇年前の政権交代前夜においては、市民への期待、すなわち新たな市民自治への希望と期待ないしは市民的可能性を語るときが到来したと主張されていた（前掲『失われた政治』）。

しかし、こうした市民への期待は本書では影をひそめ、有権者を市民と大衆に区分し、ローカルにおける市民によるイニシアティブも強調されなくなっている。むしろローカル文化社会における「私生活保守主義」が指摘されるに至っている。それ故に、「リセットの時代」における時代を拓く「新たな思想」の必要性が強調されている。その一つが「小国主義」であり、もう一つが国民総幸福を目的とする政策転換である。こうした主張は、「先進社会のイデオロギー」として、政治変革の可能性をイデオロギー空間の中に追究してきた藪野政治学にとって、一つの到達点といえよう。以上の意味においても、本書は藪野政治学なるものの総決算と位置づけることができよう。

（くまの・なおき　九州大学教授）

索　　引

サ　行

タ　行

マ　行

藪 野 祐 三（やぶの ゆうぞう）

専攻　現代政治分析

略歴

1969 年　大阪市立大学法学部卒業
1969 年　大阪市立大学法学部助手
1974 年　北九州大学（現・北九州市立大学）法学部講師，助教授，教授
1992 年　九州大学法学部教授
2000 年　組織改編により，九州大学大学院法学研究院教授
2010 年　九州大学名誉教授

著作（単著のみ）

『現代政治学の位相　行動論以後と政治社会学』（九州大学出版会 1981 年）
『現代政治学の方法　D. イーストンの「政治の世界」』（法律文化社 1981 年）
『近代化論の方法　現代政治学と歴史認識』（未来社 1984 年）
『先進社会のイデオロギー（Ⅰ）　ソシオ・ポリティクスの冒険』（法律文化社 1986 年）
『先進社会＝日本の政治（Ⅰ）　ソシオ・ポリティクスの地平』（法律文化社 1987 年）
『先進社会＝日本の政治（Ⅱ）「構造崩壊」の時代』（法律文化社 1990 年，増補版 2006 年）
『先進社会＝日本の政治（Ⅲ）　21 世紀への統治能力』（法律文化社 1993 年）
『日本政治の未来構想　いま何をなすべきか』（PHP 研究所 1994 年）
『ローカル・イニシアティブ　国境を超える試み』（中公新書 1995 年）
『先進社会の国際環境（Ⅰ）　ローカル・イニシアティブの創造』（法律文化社 1995 年）
『先進社会の国際環境（Ⅱ）　21 世紀システムの中の国家』（法律文化社 1998 年）
『先進社会のイデオロギー（Ⅱ）　システムとアクターの相克』（法律文化社 2001 年）
『ローカル・デモクラシー（Ⅰ）　分権という政治的仕掛け』（法律文化社 2005 年）
『ローカル・デモクラシー（Ⅱ）　公共という政治的仕組み』（法律文化社 2005 年）
『失われた政治　政局，政策，そして市民』（法律文化社 2009 年）
『社会力の市民的創造　地域再生の政治社会学』（法律文化社 2010 年）

現代日本政治講義――自民党政権を中心として

2019 年 2 月 25 日　第 1 刷発行

著　者　藪 野 祐 三
発行者　櫻 井 義 秀

発行所　北海道大学出版会
札幌市北区北 9 条西 8 丁目 北海道大学構内（〒060-0809）
Tel. 011（747）2308・Fax. 011（736）8605・http://www.hup.gr.jp

㈱アイワード

ISBN978-4-8329-6847-9